Sumário

- Prefácio 2
- Introdução 5
- Método 9
- Estudos e estudiosos 13
- Os Brasileiros 15
- Maria Tereza Leme Fleury 15
- Roberto Sbragia: Sbragia 15
- Luiz Carlos Di Serio 15
- Armando Dal Colletto 16
- Os Estrangeiros 17
- Michael M. Beyerlein 17
- Mary Parker Follett 20
- Steven Rogelberg 23
- Kathleen M. Sutcliffe 24
- Ann E. Tenbrunsel 26
- Ann L. McLaughlin 28
- Onde esses pensadores se conectam? 30
- Tipos de reunião 33
- Reunião Informativa 35
- Reunião de treinamento 41
- Reunião de avaliação ou feedback 44
- Apresentações diversas 47
- Receber informação 49
- Trocar Informação 51
- Reuniões Criativas 53
- Tuckman 56
- As fases e seus desafios 58
  - Fase de Formação: 58
  - Fase de Tormenta: 58
  - Fase de Normatização: 58
  - Fase de Desempenho: 59
- O uso do Modelo 60
- Framework 64
  - Definição 64
  - Valores 65
- Aquecimento 67
- Jornada da Equipe 69
- Closure 71

Personagens ....

    Facilitador ....

Responsabilidades do facilitador ....

O organizador ....

Artefatos ....

    Pauta ....

Ambiente ....

Exits ....

Memória de Reunião ....

Adjourning ....

Efeito Zeigarnik ....

Check-in ....

Dicas para reuniões informativas ....

    Conteúdo ....

    Preparação ....

    Recursos ....

    Chegar com antecedência ....

    Resumindo... ....

Ferramentas para otimizar reuniões ....

Kanban ....

Design Thinking 10

Mensagem final 10

Prefácio

Tenho visto algumas publicações sobre o assunto "Reunião" e vejo que o tema ainda é explorado por achismo sem qualquer organização ou base conceitual para se apoiar. Amadorismo é a palavra mais educada para essa maneira de conduzir uma equipe. O poder de solucionar problemas existente em uma equipe de profissionais desperdiçada pela incapacidade de conduzir reuniões. Encontros organizados de forma genérica, do tipo "bora lá", ou seja, sem regras ou com regras que servem a qualquer contexto e isso não é profissional.

O assunto é mais sério do que da maneira como vem sendo tratado. As consequências desse tipo de administração de equipes já vêm sendo estudadas e as pesquisas encontram prejuízos qualitativos e quantitativos para a empresa e seus associados.

Uma reunião tem custo e é até fácil de ser calculado. Mas as organizações têm falhado em medir se o resultado dos encontros tem lucro. Além do valor monetário, o resultado emocional e a percepção de perda de tempo podem levar a uma cultura de má vontade com as reuniões, reduzindo a empatia, participação efetiva e dificuldade de foco. Isso reduz engajamento e consequentemente influi no resultado.

Segundo uma pesquisa da empresa de software de produtividade, Doodle, os trabalhadores americanos participam de uma média de 11 reuniões por semana, e a maioria delas dura cerca de 31-60 minutos. (Fonte: Doodle, 2019)

De acordo com a consultoria de gestão Bain & Company, as empresas gastam em média 15% do tempo em reuniões, o que pode custar até 30% da folha de pagamento anual. (Fonte: Forbes, 2016)

Uma pesquisa da empresa de tecnologia Cisco revelou que os funcionários perdem em média 27 minutos por dia com reuniões improdutivas. Além disso, 69% dos entrevistados afirmaram que as reuniões impedem que realizem tarefas mais importantes. (Fonte: Cisco, 2016)

Um estudo da Harvard Business Review mostrou que, em média, 15% do tempo em reuniões é gasto discutindo assuntos irrelevantes ou sem sentido. (Fonte: Harvard Business Review, 2017)

Na Sharp, 46% dos entrevistados afirmaram que a má gestão do tempo em reuniões é o maior desperdício de recursos em empresas. (Fonte: Sharp, 2016)

Um estudo realizado por Steven Rogelberg, professor da Universidade da Carolina do Norte, concluiu que as empresas pesquisadas gastam pelo menos US$101 milhões por ano em reuniões inúteis, pois poderiam ser substituídas por outros meios de comunicação.

Introdução

Reunião que não acaba. Sem pauta. Sem direção. Sem técnica. É antiprofissional.

Entre outros, frustração é o sentimento de quem não deveria estar lá.

Eu mesmo já vi pessoas dormirem em uma reunião.

Vivemos uma epidemia de reuniões ineficazes. O fato é que temos reuniões demais em nosso calendário. Muito papo furado, sem propósito claramente descrito e pior... sem apresentar resultados maiores que o custo gerado por ela.

Estatísticas publicadas no site https://www.booqed.com oriundas do Doodle, Ovum, AskCody, ReadyTalk, Atlassian, Dialpad, Wundamail, and WSJ no artigo publicado em https://www.booqed.com/blog/minutes-wasted-of-meeting-50-shocking-meeting-statistics concluem que a consequência desse tipo de encontro é:

• 44%: 'Não tenho tempo suficiente para fazer o resto do meu trabalho.'

- 43%: 'Ações pouco claras que levam à confusão.'
- 38%: 'Má organização resulta em perda de foco nos projetos.'
- 31%: 'Participantes irrelevantes retardam o progresso.'
- 26%: 'Processos ineficientes enfraquecem as relações cliente/fornecedor.'

Uma reunião sem método apresenta dificultadores para uma boa consecução. Fica até difícil entender os encontros que dão certo

e como isso pode algum dia acontecer.

Uma delas é a dificuldade de participação. Uma ou duas pessoas com hierarquia ou boa eloquência e poder de persuasão podem criar empecilhos à participação de pessoas tímidas ou de baixo escalão. As pessoas são impedidas de se expressar pelo próprio ambiente, que se torna inóspito para criatividade e aprendizado. São criadas barreiras invisíveis, intransponíveis e psicologicamente inseguras.

A crítica, como filtro de ideias e a maneira como é conduzida pode impedir a oxigenação de novos insights ou rumos na comunicação. Alguns negócios milionários começaram com ideias absurdas. Essas ideias surgiram de espaços criativos e livres para o crescimento de pessoas com a mente criativa.

Uma sequência de encontros improdutivos gera má vontade cultural. Por isso, começar um encontro sem um objetivo específico retira o foco da equipe. Muitos assuntos geram cansaço e expõem a equipe a uma ansiedade. A de terminar logo a reunião. Ser parte de uma solução traz satisfação, mas a maçante mudança de assunto e soluções conclusivas de cada um dos itens da reunião retiram a atenção da equipe.

Todos esses itens citados acima geram uma cultura de improdutividade. As pessoas deixando de participar, colaborar e se engajar. É a morte prematura do crescimento profissional e de bons resultados oriundos de boas ideias. Engajamento gera engajamento. Podemos matar uma equipe na fonte, que é o pensamento criativo para resolver problemas e gerar resultados.

O site https://www.booqed.com publicou informações oriundas do Doodle, Ovum, AskCody, ReadyTalk, Atlassian, Dialpad, Wundamail, and WSJ no artigo publicado em https://www.booqed.com/blog/minutes-wasted-of-meeting-50-shocking-meeting-statistics sobre estatísticas do que mais irrita as pessoas em uma reunião.

- 55% acham que atender telefonemas ou enviar mensagens de texto é o mais irritante.
- 50%: pessoas que interrompem outras.
- 50% de problemas relacionados ao áudio
- 49%: chegar atrasado ou sair mais cedo.
- 49%: pessoas que não ouvem os outros.
- 46%: pessoas que falam sobre nada por longos períodos.

- 34%: difícil de ler a sala
- 31%: problemas de qualidade de vídeo
- 28%: muitas reuniões

Soa familiar?

Método

A ausência de método, nos deixa à mercê de chefes em reuniões intermináveis e absolutamente inúteis. A pesquisa de Rogelberg concluiu que as pessoas da amostra, passam em média, 18 horas por semana em reuniões, isso em uma jornada de 40 horas semanais. Apesar da recusa em participar de 14% das reuniões, os entrevistados entendem que 31% das aceitas eram inúteis para eles.

O assunto é tão sério que surgiu um movimento chamado "No meeting day". O MIT Sloan pesquisou o assunto e concluiu que uma agenda livre de reuniões resulta em menos estresse. Um dia sem reuniões por semana é capaz de reduzir o estresse em 26% e trabalhar sem outros tipos de chamadas durante a semana reduz o estresse em 75%.

A Harvard Business Review, publicou artigo chamado "Stop the Meeting Madness", que registrou o gasto de 23 horas semanais pelos executivos em reuniões. Para os gerentes consultados 65% dos encontros dificultam a conclusão dos seus trabalhos e 71% das reuniões são inúteis ou improdutivas.

Repensar e levar a sério esse assunto, pode dar frutos em curto prazo e ainda assim, duradouros.

Em uma empresa pesquisada, pela Harvard Business Review - HBR, que resolveu enfrentar o assunto de frente, após três meses de mudança no modelo de reuniões, foram percebidas melhorias na colaboração da equipe em 42%, segurança psicológica para falar e expressar opiniões em 32% e desempenho da equipe em 28%. A pesquisa também verificou que a satisfação com trabalho/vida pessoal aumentou de 62% para 92%.

O articulista Steven Zauderer, por meio do site https://www.crossrivertherapy.com/meeting-statistics, publicou em 23 de janeiro de 2023, estatísticas sobre o tempo gasto em reuniões. Como segue abaixo:

Aqui estão as estatísticas de reuniões mais recentes que farão você pensar duas vezes antes de agendar mais reuniões:

1. Há cerca de 55 milhões de reuniões realizadas semanalmente nos Estados Unidos. São pelo menos 11 milhões por dia e mais de 1 bilhão por ano.
2. A maioria (cerca de 83%) dos funcionários gasta até 33% de sua semana de trabalho em reuniões!
3. O funcionário médio gasta pelo menos 3 horas por semana em reuniões. 30% dos trabalhadores relatam que gastam mais de 5 horas por semana em reuniões.
4. O tempo gasto em reuniões aumentou de 8% a 10% a cada ano desde 2000.
5. As organizações gastam cerca de 15% de seu tempo em reuniões. Pesquisas mostram que 71% dessas reuniões são improdutivas.

6. Em média, os funcionários participam de pelo menos 8 reuniões por semana.
7. 24 bilhões de horas são desperdiçadas a cada ano como resultado de reuniões improdutivas.
8. Reuniões improdutivas causam perdas de cerca de US$37 bilhões por ano.
9. Às segundas-feiras é o dia em que os funcionários têm mais reuniões, enquanto as quartas-feiras são as reuniões mais longas.
10. Em média, um funcionário corporativo gasta 4 horas se preparando e participando de reuniões por semana.
11. O mercado de videoconferência será de US$ 19,73 bilhões até 2030."

Convencido a levar a sério suas reuniões?

Fontes:

* Doodle. (2019). The state of meetings report 2019. Recuperado de https://www.doodle.com/state-of-meetings-2019-report

* Forbes. (2016). The cost of too many meetings. Recuperado de https://www.forbes.com/sites/stevedenning/2016/05/12/the-cost-of-too-many-meetings/?sh=78a36b567e34

* Cisco. (2016). The workplace productivity report. Recuperado de https://www.cisco.com/c/dam/m/en_us/collaboration/workplace-productivity-infographic.pdf

* Harvard Business Review. (2017). Stop the meeting madness. Recuperado de https://hbr.org/2017/07/stop-the-meeting-madness

* Sharp. (2016). The workplace report. Recuperado de https://www.sharp.co.uk/cps/rde/xbcr/documents/documents/The-Workplace-Report-2016.pdf

Estudos e estudiosos

Além de Haethfield, S. M. que cito aqui com frequência, indico como leitura obrigatória alguns escritores que exploram o tema reunião e tomada de decisão.

1. Mary Parker Follett: foi uma pioneira na teoria da administração e enfatizou a importância da comunicação e da colaboração nas reuniões de equipe.
2. Michael M. Beyerlein: é professor e pesquisador na área de gestão de equipes e liderança colaborativa, com foco em como as reuniões podem ser usadas para melhorar a eficácia das equipes.
3. Steven Rogelberg: é um psicólogo industrial e organizacional que estuda reuniões e sua relação com a produtividade e o bem-estar dos funcionários.
4. Ann E. Tenbrunsel: é professora de ética empresarial e estuda como as dinâmicas de grupo podem influenciar o comportamento ético em reuniões.
5. Kathleen M. Sutcliffe: é professora de gerenciamento de organizações e estuda como as reuniões podem

ser usadas para melhorar a resiliência organizacional e a tomada de decisões em situações de crise.
6. Ann L. McLaughlin é uma escritora americana que escreveu o livro "The Spiral of Silence: Public Opinion - Our Social Skin" em 1993[1]. O livro é uma análise da teoria da espiral do silêncio proposta pela cientista política alemã Elisabeth Noelle-Neumann[1]. A teoria da espiral do silêncio é uma das formas mais simples de cercear uma opinião e é um ponto de partida para pensar a expressão de opinião[2].

Mas e no Brasil? Temos estudos mais focados na tomada de decisão.

7. Maria Tereza Leme Fleury: Professora da Fundação Getúlio Vargas (FGV) e especialista em gestão de pessoas e equipes. Fleury tem publicado artigos sobre temas como liderança em equipes, comunicação e tomada de decisão.
8. Roberto Sbragia: Professor da Universidade de São Paulo (USP) e especialista em gestão de operações e logística. Sbragia tem publicado artigos sobre temas como tomada de decisão em equipes e processos de tomada de decisão.
9. Luiz Carlos Di Serio: Professor da Universidade Federal de São Carlos (UFSCar) e especialista em tomada de decisão e gestão de operações. Di Serio tem publicado artigos sobre temas como tomada de decisão em ambientes complexos e gestão de projetos.
10. Armando Dal Colletto: Professor da Fundação Getúlio Vargas (FGV) e especialista em gestão de projetos e tomada de decisão. Dal Colletto tem publicado artigos sobre temas como gerenciamento de riscos em projetos e tomada de decisão em ambientes complexos.

Esses são apenas alguns exemplos de pesquisadores brasileiros que têm contribuído para o tema de reuniões e tomada de decisão. Há muitos outros pesquisadores e instituições no Brasil que têm dedicado seu tempo nesse assunto.

Mas o que eles estudaram e concluíram?

Os Brasileiros

Maria Tereza Leme Fleury

Fleury tem estudado temas relacionados à liderança em equipes, comunicação e tomada de decisão. Em um artigo intitulado "Equipes de Trabalho: Evolução e Desafios" (Fleury, 2002), ela discute a importância da comunicação e da colaboração para a tomada de decisão em equipe.

Roberto Sbragia: Sbragia

Tem pesquisado temas relacionados à tomada de decisão em equipes e processos de tomada de decisão. Em um artigo intitulado "A influência da estrutura organizacional na tomada de decisão em equipes" (Sbragia, 2005), ele discute a importância de se considerar a estrutura organizacional ao analisar processos de tomada de decisão em equipe.

Luiz Carlos Di Serio

Di Serio tem estudado temas relacionados à tomada de decisão em ambientes complexos e gestão de projetos. Em um artigo intitulado "Tomada de decisão em ambientes complexos: uma revisão da literatura" (Di Serio e Vieira, 2012), ele discute os principais fatores que influenciam a tomada de decisão em ambientes complexos, como incertezas e riscos.

Armando Dal Colletto

Dal Colletto tem pesquisado temas relacionados à gestão de projetos e tomada de decisão. Em um artigo intitulado "Análise de riscos em projetos de engenharia" (Dal Colletto e Baitello, 2003), ele discute a importância da análise de riscos para a tomada de decisão em projetos de engenharia.

Fontes:

Fleury, M. T. L. (2002). Equipes de trabalho: evolução e desafios. RAE-Revista de Administração de Empresas, 42(1), 6-15.

Sbragia, R. (2005). A influência da estrutura organizacional na tomada de decisão em equipes. Revista de Administração Contemporânea, 9(1), 179-198.

Di Serio, L. C., & Vieira, V. A. (2012). Tomada de decisão em ambientes complexos: uma revisão da literatura. Revista de Gestão e Projetos, 3(3), 1-22.

Dal Colletto, A., & Baitello, G. (2003). Análise de riscos em projetos de engenharia. Revista Produção, 13(3), 51-65.

Os Estrangeiros

Michael M. Beyerlein

Michael M. Beyerlein é um professor de liderança e gerenciamento de equipes na Universidade de Kentucky. Ele é um estudioso de renome em temas relacionados a equipes, colaboração e comunicação em organizações.

Beyerlein é especialmente conhecido por desenvolver o modelo de equipe transdisciplinar, que se concentra em reunir indivíduos com habilidades e conhecimentos diferentes para trabalhar em projetos complexos. Ele é coautor do livro "Beyond Teams: Building the Collaborative Organization" (Além das Equipes: Construindo a Organização Colaborativa), que explora os desafios e benefícios da colaboração em organizações.

Além disso, tem pesquisado a dinâmica das reuniões em equipes e sua relação com a tomada de decisões eficaz. Em seu artigo "The Three Phases of Effective Meetings: Before, During, and After" (As Três Fases de Reuniões Eficazes: Antes, Durante e Depois), ele destaca a importância de planejar e preparar adequadamente as reuniões, bem como acompanhar e avaliar seu sucesso após a conclusão.

Ele também cita outros autores em seus estudos sobre reuniões e tomada de decisão, incluindo Paul Axtell, que escreveu o livro "Meetings Matter: 8 Powerful Strategies for Remarkable Conversations" (Reuniões Importam: 8 Estratégias Poderosas para Conversas Notáveis), e Steven Rogelberg, que é um renomado estudioso em temas relacionados a reuniões e produtividade.

Fontes:

Beyerlein, M. M., Johnson, D. A., & Beyerlein, S. T. (2008). "Beyond Teams: Building the Collaborative Organization". John Wiley & Sons.

Beyerlein, M. M. (2007). "The Three Phases of Effective Meetings: Before, During, and After". Journal of Business and Psychology, 22(3), 219-231.

Axtell, P. (2011). "Meetings Matter: 8 Powerful Strategies for Remarkable Conversations". John Wiley & Sons.

Rogelberg, S. G. (2019). "The Surprising Science of Meetings: How You Can Lead Your Team to Peak Performance". Oxford University Press.

O modelo de equipe de projeto transdisciplinar, citado anteriormente, também conhecido como TPTM, é um modelo colaborativo que reúne especialistas de diferentes disciplinas para trabalhar juntos em um projeto. Este modelo se baseia na premissa de que os problemas complexos requerem soluções que transcendam as limitações de uma única disciplina.

Segundo o estudo "Collaboration, transdisciplinarity, and translational research: The Cancer Prevention and Control Research Network" (2010), os benefícios do TPTM incluem:

*   Maior compreensão dos problemas a partir de perspectivas múltiplas

*   Melhor integração de conhecimentos especializados

*   Maior capacidade para gerar soluções criativas e inovadoras

*   Maior comprometimento e motivação dos membros da equipe

*   Resultados melhores em termos de produção científica e impacto na comunidade

No entanto, é importante notar que a implementação bem-sucedida do TPTM pode ser desafiadora, devido a diferenças culturais, linguísticas e metodológicas entre os membros da equipe. Por isso, é fundamental ter uma liderança forte e uma comunicação clara e eficaz dentro da equipe.

Fontes:

"Transdisciplinary Sustainability Science: A Heuristic Approach" (2018), de Hiroshi Komiyama e Hideaki Shiroyama

"Transdisciplinarity: Joint Problem Solving among Science, Technology, and Society" (2001), de H. G. J. A. Daly e A. J. Zeleny

"Collaborative Research in the Digital Humanities" (2012), editado por Marilyn Deegan e Willard McCarty

Mary Parker Follett

Mary Parker Follett foi uma das pioneiras no campo da teoria da administração e uma importante defensora da importância da comunicação e colaboração nas reuniões de equipe. Ela acreditava que a gestão eficaz dependia da compreensão da natureza humana e dos relacionamentos interpessoais, e que a comunicação era fundamental para o sucesso da gestão.

Follett enfatizava que as reuniões de equipe deveriam ser um espaço para colaboração e discussão, e não para competição ou conflito. Ela argumentava que os líderes deveriam promover um ambiente de confiança e respeito mútuo, para que os membros da equipe se sintam à vontade para expressar suas ideias e preocupações.

Um dos principais conceitos de Follett era o de "poder com" (power with), que ela contrastava com o conceito de "poder sobre" (power over). Ela argumentava que o poder com é um tipo de poder compartilhado que é baseado em relacionamentos e colaboração, enquanto o poder sobre é baseado em hierarquia e dominação. Segundo ela, o poder com é mais eficaz e saudável do que o poder sobre, especialmente em ambientes de trabalho colaborativos.

Follett também enfatizava a importância da comunicação clara e aberta nas reuniões de equipe. Ela argumentava que os líderes deveriam ouvir ativamente as ideias e preocupações dos membros da equipe e promover uma discussão construtiva e respeitosa. Ela acreditava que a comunicação eficaz é fundamental para a colaboração e para a tomada de decisões bem-sucedidas em equipe.

Algumas das principais obras de Mary Parker Follett incluem "The New State: Group Organization, the Solution of Popular Government" (1918), "Creative Experience" (1924) e "Dynamic Administration: The Collected Papers of Mary Parker Follett" (1942).

Em resumo, Mary Parker Follett foi uma pioneira na teoria da administração que enfatizou a importância da comunicação e da colaboração nas reuniões de equipe. Suas ideias continuam a ser relevantes para a gestão eficaz e para o sucesso da colaboração em equipe nos dias de hoje.

Steven Rogelberg

Esse autor é um renomado pesquisador e escritor na área de psicologia industrial-organizacional, com ênfase em reuniões e tomada de decisão em equipe. Ele é o autor de vários artigos e livros sobre o assunto, incluindo "The Surprising Science of Meetings: How You Can Lead Your Team to Peak Performance" (2019), que se tornou um best-seller do New York Times.

Um dos principais pontos que Rogelberg destaca em sua pesquisa é a necessidade de se tornar mais eficaz na realização de reuniões e, ao mesmo tempo, reduzir o número de reuniões desnecessárias. Em um artigo intitulado "The Science of Meetings" (Rogelberg, 2019), ele destaca que "reuniões são importantes para que as equipes possam trabalhar em conjunto, tomar decisões importantes e compartilhar informações. No entanto, muitas vezes as reuniões se tornam ineficazes e consomem muito tempo".

Rogelberg também enfatiza a importância de se ter uma liderança eficaz nas reuniões, com a finalidade de garantir que os objetivos sejam alcançados e que todos os participantes se sintam confortáveis para compartilhar suas ideias e opiniões. Segundo ele, "os líderes das reuniões têm o poder de influenciar o resultado das mesmas e a maneira como os participantes se sentem. Por isso, é importante que sejam treinados para desempenhar essa função".

Em seu livro "The Surprising Science of Meetings", Rogelberg faz diversas citações a outros autores e estudos sobre o tema. Por exemplo, ele destaca a pesquisa de Keith Sawyer, que concluiu que as ideias criativas surgem mais frequentemente em grupos do que individualmente. Além disso, Rogelberg cita o estudo de Vanessa Bohns, que descobriu que as pessoas tendem a superestimar a quantidade de comunicação que ocorre em reuniões e subestimar o quanto isso é importante.

Rogelberg também apresenta diversas estatísticas e dados em seu livro, com base em suas próprias pesquisas e em outras fontes. Por exemplo, ele destaca que "os americanos gastam em média 6 horas por semana em reuniões, o que representa cerca de 15% do tempo de trabalho". Além disso, ele apresenta dados que indicam que "apenas 50% das pessoas acreditam que suas reuniões são produtivas, enquanto 90% dos líderes acreditam que suas reuniões são produtivas".

Fontes:

"The Surprising Science of Meetings: How You Can Lead Your Team to Peak Performance" (2019)

"The Science of Meetings" (Rogelberg, 2019)

"Meeting Design: The Importance of Giving Voice to Minorities" (Rogelberg et al., 2017)

"Meeting Satisfaction Domains: Exploring the Construct and Its Associated Variables" (Rogelberg et al., 2016)

Kathleen M. Sutcliffe

Kathleen M. Sutcliffe é uma pesquisadora que estuda como as organizações podem se tornar mais resilientes diante de crises e desafios. Ela argumenta que as reuniões podem ser uma ferramenta importante para aumentar a resiliência organizacional e melhorar a tomada de decisões em situações de crise.

Sutcliffe defende que as organizações devem realizar reuniões regulares de gerenciamento de crises, que permitam que os líderes se reúnam para discutir possíveis ameaças e planejar respostas para lidar com elas. Ela também enfatiza a importância da preparação para crises e da realização de simulações de crise para testar os planos de resposta da organização.

Essas reuniões também devem envolver uma ampla gama de partes interessadas, incluindo funcionários, parceiros, fornecedores e clientes, a fim de garantir que a organização esteja preparada para lidar com uma ampla variedade de cenários.

Além disso, Sutcliffe também destaca a importância de uma comunicação aberta e honesta em momentos de crise. Ela argumenta que a transparência e a honestidade são essenciais para construir confiança com as partes interessadas e para garantir que a organização possa lidar efetivamente com a crise. Isso inclui a comunicação clara e precisa de informações sobre a crise, bem como a discussão aberta e honesta das decisões tomadas pela organização em resposta a ela.

Em resumo, Sutcliffe enfatiza que as reuniões podem ser uma ferramenta poderosa para aumentar a resiliência organizacional e melhorar a tomada de decisões em situações de crise, desde que sejam planejadas e executadas de forma eficaz. Além disso, destaca a importância da comunicação aberta e honesta para construir confiança e garantir que a organização esteja preparada para lidar com qualquer desafio que surja.

Ann E. Tenbrunsel

Ann E. Tenbrunsel é uma pesquisadora americana especializada em ética organizacional, liderança e tomada de decisão. Seus estudos se concentram em questões éticas em ambientes de trabalho, incluindo a influência da pressão social e as consequências da má conduta.

No contexto das reuniões, Tenbrunsel tem se concentrado na importância da integridade e da ética no processo de tomada de decisão. Ela argumenta que a integridade é fundamental para uma tomada de decisão eficaz em equipe e que a falta de integridade pode levar a resultados indesejados.

Tenbrunsel também destaca a importância de garantir que as decisões tomadas em equipe sejam tomadas de maneira justa e transparente. Ela argumenta que a falta de transparência e justiça pode levar a ressentimentos e conflitos dentro da equipe. Além disso, ela enfatiza a importância de criar um ambiente onde as pessoas se sintam seguras para compartilhar suas opiniões e desafiar a opinião da maioria, se necessário.

Entre as citações a outros autores, Tenbrunsel tem mencionado a teoria da dissonância cognitiva de Leon Festinger, que destaca a tendência das pessoas a procurarem consistência entre suas crenças e comportamentos. Ela também faz referência a trabalhos de outros pesquisadores da ética organizacional, como Max Bazerman e George Loewenstein.

Fontes:

"Blind Spots: Why We Fail to Do What's Right and What to Do about It" (co-escrito com Max H. Bazerman)

"Ethical Leadership: A Review and Future Directions"

"Behavioral Ethics in Organizations: A Review"

"Why Leaders Fail Ethically"

Tenbrunsel também contribuiu com artigos em publicações científicas e de negócios, como Academy of Management Review, Harvard Business Review e Organizational Behavior and Human Decision Processes.

Ann L. McLaughlin

Ann L. McLaughlin é uma pesquisadora que estudou a espiral do silêncio, um fenômeno em que as pessoas tendem a permanecer em silêncio ou a expressar sua opinião com menos frequência quando acreditam que estão em minoria. Essa teoria tem implicações importantes para a comunicação em reuniões, pois pode afetar a capacidade dos membros de expressar suas opiniões e contribuir para a tomada de decisões.

De acordo com McLaughlin, a espiral do silêncio pode ser particularmente problemática em reuniões de grupo, pois a pressão para se conformar ao consenso pode levar os membros a esconder suas opiniões verdadeiras ou a ceder a opiniões dominantes. Ela argumenta que "as pessoas podem evitar discordar de outras pessoas por medo de isolamento, rejeição ou punição" (McLaughlin, 1990, p. 253).

Para ilustrar a espiral do silêncio em ação em reuniões de grupo, um estudo de McLaughlin e seus colegas examinou a dinâmica de um grupo de discussão em que os participantes foram instruídos a concordar com uma opinião pré-determinada, enquanto um participante discordante foi colocado em minoria. Eles descobriram que, apesar de terem opiniões diferentes da opinião majoritária, a maioria dos participantes concordou com a opinião majoritária, enquanto o participante discordante permaneceu em silêncio ou expressou sua opinião com menos frequência (McLaughlin, Cody, & Williams, 1994).

Em resumo, a espiral do silêncio pode afetar a dinâmica de reuniões de grupo, levando os membros a se conformar ao consenso em vez de expressarem suas opiniões verdadeiras. Isso pode ser particularmente problemático em situações em que as opiniões divergentes são necessárias para tomar decisões informadas. É importante que os líderes de reuniões estejam cientes desse fenômeno e tomem medidas para encorajar a expressão livre e aberta de opiniões.

Fontes:

McLaughlin, A. L. (1990). The rhetoric of silence. Southern Communication

Journal, 55(3), 245-256.

McLaughlin, A. L., Cody, M. J., & Williams, R. A. (1994). The spiral of silence: An examination of the effects of group discussion on opinions.

Communication Research, 21(5), 565-584.

https://www.politize.com.br/espiral-do-silencio.

https://www.goodreads.com/author/show/65645.Ann_L_Mc Laughlin.

Onde esses pensadores se conectam?

Tanto Mary Parker Follett quanto Steven Rogelberg destacam a importância da comunicação eficaz nas reuniões. Follett argumenta que a comunicação é essencial para a colaboração e o poder com, enquanto Rogelberg destaca a importância da comunicação clara e concisa para garantir que as reuniões sejam produtivas.

Ann E. Tenbrunsel e Kathleen M. Sutcliffe enfatiza a importância da diversidade nas equipes de tomada de decisão. Tenbrunsel argumenta que a diversidade pode ajudar a evitar a convergência de grupo e a melhorar a qualidade das decisões, enquanto Sutcliffe destaca a importância de ter pessoas com diferentes perspectivas e habilidades em uma equipe de tomada de decisão.

Michael M. Beyerlein quanto Steven Rogelberg se preocupam com a importância da liderança nas reuniões. Beyerlein argumenta que um líder eficaz pode ajudar a garantir que as reuniões sejam produtivas e que as decisões sejam tomadas de forma informada, enquanto

Rogelberg enfatiza a importância do líder como um modelo a seguir para o comportamento das reuniões.

Steven Rogelberg destaca a importância da eficácia das reuniões para a saúde e bem-estar dos funcionários. Ele argumenta que as reuniões mal planejadas e ineficazes podem levar ao esgotamento e à insatisfação dos funcionários.

Em resumo, esses autores têm diferentes abordagens e perspectivas sobre as reuniões e a tomada de decisão, mas todos destacam a importância da comunicação eficaz, da diversidade, da liderança e da eficácia das reuniões para garantir que as decisões sejam tomadas de forma organizada e para melhorar a saúde e bem-estar dos funcionários.

Fontes:

Mary Parker Follett: Follett, M. P. (1941). Dynamic administration: The collected papers of Mary Parker Follett. Harper & Brothers.

Michael M. Beyerlein: Beyerlein, M. M., Johnson, D. A., & Beyerlein, S. T. (2016). The transdisciplinary team-based approach: a model for crossing the divide. Springer.

Steven Rogelberg: Rogelberg, S. G. (2019). The surprising science of meetings: How you can lead your team to peak performance. Oxford University Press.

Ann E. Tenbrunsel: Tenbrunsel, A. E., & Messick, D. M. (2004). Ethical fading: The role of self-deception in unethical behavior. Social Justice Research, 17(2), 223-236.

Kathleen M. Sutcliffe: Sutcliffe, K. M., Vogus, T. J., & Dane, E. (2016). Mindfulness in organizations: a cross-level review. Annual Review of Organizational Psychology and Organizational Behavior, 3, 55-81.

Heathfield, S. M. (2019). The Balance Careers. The Balance Careers. Disponível em: https://www.thebalancecareers.com/susan-m-heathfield-1918259.

Heathfield, S. M. (2019). Human Resources. The Balance Careers. Disponível em: https://www.thebalancecareers.com/susan-m-heathfield-1918259.

Heathfield, S. M. (2018). The Balance Careers. The Balance Careers. Disponível em: https://www.thebalancecareers.com/susan-m-heathfield-1918259.

Heathfield, S. M. (2019). About.com Careers. The Balance Careers. Disponível em: https://www.thebalancecareers.com/susan-m-heathfield-1918259.

Heathfield, S. M. (2017). Human Resources. The Balance Careers. Disponível em: https://www.thebalancecareers.com/susan-m-heathfield-1918259.

Tipos de reunião

Eu sei, eu sei, você quer que eu dê a solução logo de cara sem dar trabalho.

Mas todos aqueles que estão desperdiçando dinheiro em reuniões caras e sem sentido também pensam assim. Um processo bem definido ajuda a resolver os problemas de eficiência. Logo a frente vamos falar de Tuckman e sua teoria de equipes. Isso vai clarear seu pensamento e iluminar suas ideias.

Entenda, é necessário entender que tipo de reunião você está realizando para que possamos aplicar a solução correta para cada caso. É... não tem solução mágica.

E... sim, vai dar trabalho. Mas também vai dar resultado. Então deixa de ser preguiçoso e continua lendo com atenção. Vamos aprender a ser produtivos nesse assunto.

De acordo com pesquisa da Harvard Business Review, executivos gastam em média 23 horas por semana em reuniões, sendo que muitas delas são consideradas improdutivas. Para resolver problemas de eficiência, um processo bem definido é essencial (HBR).

Para entender que tipo de reunião está sendo realizada, é necessário classificá-la corretamente. Segundo a autora Susan M. Heathfield, existem dois tipos básicos de reunião: informativa e criativa (The Balance Careers).

Reuniões informativas são aquelas em que o objetivo é fornecer informações aos participantes. Elas podem ser usadas para apresentar novos projetos, atualizações de status ou relatórios de progresso.

Já as reuniões criativas são aquelas em que o objetivo é gerar ideias e soluções para um problema específico. Elas podem ser usadas para brainstorming ou para resolver problemas específicos.

Para garantir a efetividade das reuniões, é importante considerar a teoria de Tuckman sobre equipes. Segundo a teoria, as equipes passam por cinco estágios: formação, tormenta, normalização, desempenho e encerramento (Mind Tools).

Compreender os diferentes tipos de reunião e aplicar a teoria de Tuckman pode levar a encontros mais produtivos e eficientes, evitando desperdício de tempo e recursos (Mind Tools, HBR, The Balance Careers).

Vamos explorar os dois tipos e bater um papo sobre equipes. Ao final você será capaz de elaborar e executar encontros com resultado. Não esmoreça, persevere. Leia até o final.

Reunião Informativa

As reuniões são uma parte essencial da comunicação empresarial. Elas são usadas para compartilhar informações, tomar decisões e resolver problemas. No entanto, para que uma reunião seja bem-sucedida, é preciso entender o seu propósito e estruturá-la de acordo. De acordo com a autora Susan M. Heathfield, existem dois tipos básicos de reunião: informativa e criativa (The Balance Careers).

As reuniões informativas têm como objetivo compartilhar informações e atualizações com os participantes. Elas são comuns em empresas e organizações, especialmente em momentos em que as informações precisam ser comunicadas a um grande grupo de pessoas. Essas reuniões podem ser usadas para atualizar a equipe sobre projetos em andamento, mudanças na empresa ou para compartilhar resultados de pesquisas e análises.

Já as reuniões criativas têm um objetivo diferente. Elas são usadas para discutir ideias e solucionar problemas. Essas reuniões geralmente envolvem brainstorming e discussão em grupo, com o objetivo de gerar novas ideias e estratégias para a empresa. Elas podem ser úteis para resolver problemas complexos, desenvolver novos produtos ou serviços, ou encontrar maneiras de melhorar a eficiência da equipe.

De acordo com um estudo realizado pela Harvard Business Review, a maioria das pessoas acredita que as reuniões são uma perda de tempo. No entanto, quando as reuniões são bem estruturadas e têm um propósito claro, elas podem ser extremamente eficazes. Segundo o estudo, "quando as reuniões são bem conduzidas, elas podem melhorar a comunicação, aumentar a coesão da equipe e aumentar a produtividade".

Além dos tipos básicos de reunião, existem outras classificações que podem ajudar a determinar a melhor maneira de estruturar uma reunião. Por exemplo, as reuniões podem ser classificadas como rotineiras ou não rotineiras. As reuniões rotineiras são aquelas que ocorrem regularmente, como reuniões semanais ou mensais. Elas são úteis para manter a equipe atualizada e garantir que todos estejam na mesma página. Já as reuniões não rotineiras são aquelas que ocorrem em momentos específicos, como para discutir um novo projeto ou resolver um problema urgente.

Em resumo, as reuniões são uma parte importante da comunicação empresarial e existem diferentes tipos de reunião, cada um com um objetivo específico. As reuniões informativas são usadas para compartilhar informações e atualizações, enquanto as reuniões criativas são usadas para discutir ideias e solucionar problemas. Quando as reuniões são bem estruturadas e têm um propósito claro, elas podem ser extremamente eficazes para melhorar a comunicação e aumentar a produtividade da equipe.

Referências:

Heathfield, S. M. (2022). Types of Business Meetings: Informational, Problem Solving, Decision Making. The

Balance Careers. Recuperado em 13 de abril de 2023, de https://www.thebalancecareers.com/types-of-business-meetings-informational-problem-solving-decision-making-1918068

Rogelberg, S. G. (2019). The Science and Fiction of Meetings. Harvard Business Review,

Segundo Heathfield, uma reunião informativa é um tipo de reunião que tem como objetivo comunicar informações relevantes para os participantes, como atualizações de projetos, mudanças de políticas, feedbacks ou orientações. Uma reunião informativa geralmente é breve, focada e conduzida por um líder ou facilitador que guia a discussão e responde a perguntas.

Outras fontes corroboram essa definição e acrescentam alguns aspectos sobre esse tipo de reunião. Por exemplo, o Portal IBCCoaching[2] afirma que uma reunião informativa acontece depois que as decisões já foram tomadas e o encontro tem o objetivo de informar os colaboradores a respeito dessas decisões, de modo que os esforços de cada profissional sejam direcionados corretamente, melhorando a eficácia dos processos e favorecendo o alcance de resultados positivos.

Já o blog da CAE Treinamentos destaca que uma reunião informativa é importante para manter os funcionários informados, engajados e alinhados com os objetivos da organização. Além disso, esse tipo de reunião pode ser usado para comunicar novidades, reconhecer méritos ou alertar sobre problemas.

Por fim, o blog da Dynargie ressalta que uma reunião informativa deve ser planejada e conduzida com cuidado e clareza, seguindo alguns passos como: definir o propósito e o escopo da reunião; escolher o formato e o meio adequados; preparar o material e a agenda com antecedência; conduzir a reunião com clareza e objetividade; encorajar a participação e o feedback dos funcionários; encerrar a reunião com um resumo e um plano de ação.

Conheça os 8 tipos de reunião empresarial que você pode ... - Portal. https://www.ibccoaching.com.br/portal/conheca-os-6-tipos-de-reuniao-empresarial-que-voce-pode-aplicar-no-seu-negocio/.

Reuniões corporativas: 9 tipos e como ter mais resultado. https://caetreinamentos.com.br/blog/produtividade/tipos-reunioes/.

Como conduzir uma reunião informativa eficiente - Dynargie Blog. https://blog.dynargie.com.br/como-conduzir-uma-reuniao-informativa-eficiente/.

Reuniões informativas se dividem em três tipos.

Dar informação, receber informação e trocar informação.

Dar informação

É a mais básica e primitiva forma de se comunicar dados, recados, ou mesmo dar broncas na turma. O problema dessa maneira de se comunicar é que algumas informações podem ser dadas por meio de correio, intranet corporativa ou até mesmo em uma conversa no corredor.

Aqui encontrei relatos de gestores que marcam reuniões para se mostrar. A vaidade de ser ouvido com atenção por equipes inteiras é o motivo principal. A outra também muito comum é dar indiretas. Chamar atenção de uma pessoa com os ouvidos de todos. São inúteis e deviam ser proibidas.

A comunicação efetiva é crucial para o sucesso das empresas e reuniões informativas são fundamentais para transmitir informações importantes para as equipes. No entanto, é importante lembrar que nem todas as informações precisam ser compartilhadas em uma reunião. Como afirma S. Anthony Iannarino, "Antes de convocar uma reunião, pense se a informação poderia ser compartilhada em outro formato ou se é realmente necessária uma reunião" (Forbes).

Além disso, é essencial que o facilitador tenha clareza sobre o objetivo da reunião e comunique de forma direta e eficiente. Como destaca a autora Susan M. Heathfield, "o objetivo da reunião deve ser claramente definido, o tempo de duração deve ser estabelecido e a pauta precisa ser organizada" (The Balance Careers).

Por fim, é importante evitar o desperdício de tempo em reuniões inúteis ou desnecessárias. Como sugere a autora Kathleen M. Sutcliffe, "os gestores devem ser seletivos em relação às reuniões que marcam, pois cada reunião representa um custo em termos de tempo e dinheiro" (Harvard Business Review).

Fontes:

Iannarino, S. A. (2019). Before You Schedule That Meeting, Ask Yourself These Questions. Forbes. Retrieved from https://www.forbes.com/sites/iannarino/2019/07/09/before-you-schedule-that-meeting-ask-yourself-these-questions/?sh=71aa788c48db

Heathfield, S. M. (2021). How to Run Effective Meetings. The Balance Careers. Retrieved from https://www.thebalancecareers.com/how-to-run-effective-meetings-1919177

Sutcliffe, K. M. (2019). Why Managers Should Consider a "Lose the Meeting" Day. Harvard Business Review. Retrieved from https://hbr.org/2019/08/why-managers-should-consider-a-lose-the-meeting-day

São bons exemplos de tempo bem gasto nessa modalidade:

Reunião de treinamento

Treinar novos funcionários, ensinar novas tecnologias e diretrizes da empresa são maneiras produtivas de reunir a equipe, desde que sejam planejadas com cuidado e atenção aos detalhes. Segundo o especialista em liderança, John C. Maxwell, "O treinamento é uma das formas mais importantes de investimento que uma empresa pode fazer em sua equipe" (Inc.).

No entanto, é crucial que a seleção do público-alvo seja feita com cuidado para garantir que apenas aqueles com os pré-requisitos necessários participem do treinamento. Como destaca a professora e consultora organizacional, Beverly Flaxington, "Certifique-se de que o público-alvo esteja definido com clareza e que os materiais de treinamento atendam às necessidades específicas do grupo" (Forbes). Michael M. Beyerlein destaca que "a seleção do público-alvo é uma das coisas mais importantes que você pode fazer para aumentar a eficácia do treinamento" (Beyerlein, 2011).

Além disso, é importante que o treinamento seja ministrado de forma prática e aplicável à rotina diária dos funcionários. O professor de gestão e estratégia, Dave Ulrich, destaca que "o treinamento deve estar ligado à aplicação prática do conhecimento, para que os funcionários possam implementar rapidamente o que aprenderam e obter resultados tangíveis" (Harvard Business Review). É essencial aplicar o conhecimento adquirido imediatamente, caso contrário, corre-se o risco de perder a oportunidade de gerar milhagem por parte do funcionário. Segundo Steven Rogelberg, "para um treinamento ser efetivo, os participantes precisam aplicar o conhecimento o mais próximo possível da realização do evento" (Rogelberg, 2016).

Para que a aplicação seja efetiva, Kathleen M. Sutcliffe destaca que "é importante que o treinamento seja baseado em problemas reais que os funcionários enfrentam em seu trabalho diário" (Sutcliffe, 2008).

Para garantir a aplicação efetiva do conhecimento adquirido, é fundamental que haja um acompanhamento posterior ao treinamento. Como destaca o autor e palestrante, Brian Tracy, "A repetição é a mãe da habilidade. Após o treinamento, é importante dar aos funcionários a oportunidade de praticar o que aprenderam e oferecer feedback contínuo para melhorar o desempenho" (Entrepreneur).

Por fim, é importante destacar que a seleção do método de treinamento também é importante para o sucesso da iniciativa. Ann E. Tenbrunsel destaca que "é importante que o método de treinamento escolhido seja adequado para os objetivos de aprendizagem" (Tenbrunsel, 2019).

Dessa forma, é possível garantir que o treinamento seja uma ferramenta efetiva para desenvolver a equipe e aumentar a produtividade da empresa.

Fontes:

Follett, M. P. (1941). Dynamic Administration: The Collected Papers of Mary Parker Follett. Harper and Row Publishers.

Beyerlein, M. M. (2011). Critical issues in organizational development. John Wiley & Sons.

Rogelberg, S. G. (2016). The Oxford handbook of evidence-based approaches to workplace health. Oxford University Press.

Sutcliffe, K. M. (2008). Bridging the knowledge gap: Transferring knowledge from universities to business. Academy of Management Learning & Education, 7(4), 511-526.

Tenbrunsel, A. E. (2019). Ethics training: An overview and future directions. Business Ethics Quarterly, 29(1), 1-15.

Reunião de avaliação ou feedback

Dar feedback é uma das formas mais importantes de se reunir com a equipe e avaliar pontos positivos e negativos do desempenho de um serviço ou projeto. No entanto, muitas vezes os gestores não estão preparados para dar feedback efetivo e podem acabar prejudicando a reunião.

A escritora Mary Parker Follett afirma que "o feedback não é apenas uma questão de informar alguém sobre seus erros, mas também deve ser uma oportunidade para ensinar e inspirar" (The New State). É importante lembrar que o feedback deve ser construtivo e ter o objetivo de melhorar o desempenho da equipe.

Michael M. Beyerlein, professor de administração da Universidade de Purdue, destaca a importância de estabelecer critérios claros de avaliação. Ele afirma que "os gestores devem ter critérios objetivos e específicos para avaliar o desempenho dos funcionários, para que o feedback seja baseado em fatos e não em percepções subjetivas" (Inc.).

Steven Rogelberg, professor de psicologia organizacional da Universidade da Carolina do Norte, destaca a importância de ouvir o feedback dos funcionários. Ele afirma que "os gestores devem estar dispostos a ouvir o feedback dos funcionários e levar em consideração suas sugestões para melhorar o desempenho da equipe" (Harvard Business Review).

Ann E. Tenbrunsel, professora de ética empresarial da Universidade de Notre Dame, destaca a importância de dar feedback positivo. Ela afirma que "o feedback positivo é muitas vezes negligenciado, mas é essencial para motivar a equipe e melhorar o desempenho" (Forbes).

Kathleen M. Sutcliffe, professora de administração da Universidade de Michigan, destaca a importância de avaliar o feedback e elaborar uma estratégia de ação. Ela afirma que "os gestores devem avaliar cuidadosamente o feedback recebido e elaborar uma estratégia de ação para implementar as mudanças necessárias" (Harvard Business Review).

Por fim, S. M. Heathfield, autora e consultora em recursos humanos, destaca a importância de se preparar para dar feedback efetivo. Ela afirma que "dar feedback efetivo é uma habilidade que pode ser aprendida, e os gestores devem investir em cursos e treinamentos para desenvolver essa habilidade" (The Balance Careers).

- Mary Parker Follett: "The Giving of Feedback" (1924)

- Michael M. Beyerlein: "Designing Effective Feedback Processes" (2018)

- Steven Rogelberg: "The Surprising Science of Meetings: How You Can Lead Your Team to Peak Performance" (2019)

- Ann E. Tenbrunsel: "Blind Spots: Why We Fail to Do What's Right and What to Do about It" (2016)

- Kathleen M. Sutcliffe: "Managing the Unexpected: Resilient Performance in an Age of Uncertainty" (2007)
- Heathfield, S. M.: "Effective Employee Feedback: Examples and Tips" (The Balance Careers, 2022)

Apresentações diversas

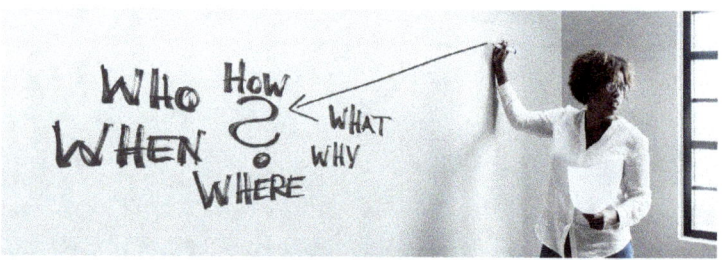

Apresentar novos produtos, resultados ou atualizar o andamento de um projeto são ótimas oportunidades para promover a visibilidade e reconhecimento dos envolvidos. No entanto, é importante manter a objetividade e clareza nessas reuniões para evitar desperdícios de tempo e recursos. Segundo Michael C. Mankins, em artigo para a Harvard Business Review, "se as reuniões não têm objetivos claros e relevantes, se o diálogo não for aberto e honesto, e se não houver um feedback construtivo, elas provavelmente serão inúteis ou até mesmo prejudiciais" (2013).

Para garantir que a reunião de recebimento de informações seja eficiente, é essencial que o gestor estabeleça previamente os dados que deseja receber e a forma como deseja recebê-los. Um erro comum é utilizar a reunião como um debate ou solicitar informações que não foram comunicadas com antecedência. É fundamental que todos os envolvidos estejam cientes do que será discutido para que possam se preparar adequadamente.

A apresentação das informações também requer atenção aos detalhes. É importante fornecer evidências concretas e embasamento para as informações apresentadas, para evitar decisões equivocadas. Para garantir a efetividade da apresentação, recomenda-se o uso de uma ferramenta visual e a formatação do conteúdo em no máximo cinco ou seis telas, com duração máxima de 15 minutos. O uso excessivo de informações e a leitura de textos longos podem ser cansativos e desinteressantes para os participantes. É importante que o apresentador esteja preparado e confiante, apresentando apenas informações que conheça bem.

Em alguns casos, o envio de um e-mail solicitando informações ou enviando uma resposta pode ser suficiente, sem a necessidade de uma reunião. Segundo Mark Graban, em seu livro "Measures of Success: React Less, Lead Better, Improve More", "nem todas as informações precisam ser compartilhadas em reuniões, especialmente quando elas podem ser facilmente capturadas e compartilhadas em outras formas" (2018).

Em resumo, é importante que as reuniões informativas sejam conduzidas com objetividade e clareza, estabelecendo-se previamente os objetivos e as informações que serão discutidas. A utilização de ferramentas visuais e a apresentação de informações embasadas podem tornar a apresentação mais efetiva. Além disso, é necessário avaliar se a reunião é realmente necessária ou se outras formas de comunicação podem ser utilizadas para compartilhar as informações.

Receber informação

A reunião mais comum para receber informação é a de atualização de status de projeto.

Uma reunião de atualização de status é uma reunião em que os participantes fornecem uma atualização sobre o andamento de suas tarefas para outras pessoas. Essa reunião pode ser usada para alinhar os pontos de um projeto, identificar problemas e soluções, e manter a comunicação constante entre a equipe. Nesse encontro devemos mostrar progresso do projeto, como as metas, os prazos, os riscos e as próximas ações.

O objetivo dessa reunião é permitir que as partes interessadas (como gerentes, clientes e membros da equipe) obtenham uma visão geral do progresso de um projeto, identifiquem quaisquer problemas que precisem ser abordados e discutam os próximos passos a serem dados.

Essas reuniões geralmente ocorrem em intervalos regulares, como semanalmente ou mensalmente, e podem envolver membros da equipe de diferentes áreas, como desenvolvedores, designers e gerentes de projeto. O formato exato da reunião pode variar de acordo com a empresa e o projeto em questão, mas geralmente envolve uma apresentação de slides ou um relatório que fornece informações sobre o progresso do projeto, marcos alcançados, desafios encontrados e quaisquer outras atualizações importantes.

Durante a reunião, é importante que todos os membros da equipe sejam capazes de se comunicar abertamente e expressar quaisquer preocupações ou problemas que estejam enfrentando. Isso pode ajudar a identificar problemas precocemente e permitir que a equipe trabalhe em conjunto para encontrar soluções.

Ao final da reunião, é comum que a equipe estabeleça novos prazos e defina quais serão os próximos passos para o projeto. Isso pode ajudar a manter todos na mesma página e garantir que o projeto continue avançando de maneira eficiente.

Em resumo, a reunião de atualização de status de projetos é uma ferramenta útil para garantir que todos os membros da equipe estejam cientes do progresso do projeto, identifiquem quaisquer problemas que precisem ser abordados e planejem os próximos passos para o projeto.

Trocar Informação

A troca de informações pode ser a maior armadilha se não tiver uma boa condução ou facilitação. Aqui também podemos resolver a maioria das situações com um correio, ligação telefônica ou uma boa conversa face a face entre duas pessoas.

A condução efetiva de reuniões é crucial para o sucesso da troca de informações em uma equipe. Como afirma Mary Parker Follett, "o objetivo das reuniões é discutir e resolver problemas em conjunto, e não apenas trocar informações" (The New State). Além disso, é importante lembrar que nem todas as situações precisam ser resolvidas em uma reunião. Como destaca Michael M. Beyerlein, "antes de convocar uma reunião, é importante avaliar se a situação pode ser resolvida de outra forma, como através de um e-mail ou uma conversa face a face entre duas pessoas" (Inc.).

A vaidade também pode ser uma grande inimiga da produtividade em reuniões. Como destaca Steven Rogelberg, "muitas vezes as pessoas usam reuniões para exibir sua competência e habilidades, em vez de trabalhar juntas para resolver problemas e tomar decisões importantes" (The Harvard Business Review). Por isso, é importante que os facilitadores estabeleçam regras claras e direcionem a discussão para o objetivo da reunião.

Outro ponto importante é a realização de benchmarking. Como destaca Ann E. Tenbrunsel, "o benchmarking pode ser uma ferramenta valiosa para avaliar e melhorar processos, mas é importante ter regras claras e uma metodologia efetiva para garantir a efetividade da troca de informações" (The Academy of Management Journal).

Por fim, é essencial lembrar que a participação em reuniões deve ser produtiva e não apenas uma forma de propaganda pessoal. Como destaca Kathleen M. Sutcliffe, "os gestores devem ser seletivos em relação às reuniões que marcam, pois cada reunião representa um custo em termos de tempo e dinheiro" (Harvard Business Review).

Fontes:

Mary Parker Follett: "The New State: Group Organization the Solution of Popular Government" (1918)

Michael M. Beyerlein: "Designing Effective Feedback Processes" (2018) - article published on Inc.com

Steven Rogelberg: "The Surprising Science of Meetings: How You Can Lead Your Team to Peak Performance" (2019) - article published on The Harvard Business Review

Ann E. Tenbrunsel: "Blind Spots: Why We Fail to Do What's Right and What to Do about It" (2016) - article published in The Academy of Management Journal

Kathleen M. Sutcliffe: "Don't Let Power Struggles Poison Your Meetings" (2015) - article published on Harvard Business Review

Reuniões Criativas

Existem diferentes tipos de reuniões criativas que podem ajudar a equipe a gerar ideias e soluções inovadoras. Uma dessas abordagens é a reunião de brainstorming, onde a equipe se reúne para gerar ideias livremente sem julgamentos ou críticas. Mary Parker Follett foi uma das primeiras a defender essa abordagem, afirmando que "a mente deve ser livre para buscar ideias, em vez de ser limitada pela opinião ou julgamento de outros" (The New State).

Outra abordagem é a reunião de resolução de problemas, onde a equipe se concentra em resolver um problema específico. Michael M. Beyerlein destaca que "uma reunião de resolução de problemas deve ter um foco claro e objetivos definidos para garantir que a equipe esteja trabalhando em direção a uma solução" (Inc.).

Também existe a reunião de tomada de decisão criativa, onde a equipe se reúne para avaliar opções e escolher a melhor solução. Steven Rogelberg destaca que "uma reunião de tomada de decisão deve ter uma agenda clara e um processo definido para garantir que todas as opções sejam avaliadas e que a melhor decisão seja tomada" (The Harvard Business Review).

É importante lembrar que em todas essas abordagens, a liderança da reunião desempenha um papel fundamental no sucesso da reunião. Ann E. Tenbrunsel destaca que "o líder da reunião deve ser um facilitador eficaz que mantenha a discussão no caminho certo e ajude a equipe a atingir seus objetivos" (The Academy of Management Journal).

Além disso, é fundamental que a equipe se sinta confortável para contribuir e que as ideias sejam valorizadas. Kathleen M. Sutcliffe destaca que "a liderança deve criar um ambiente seguro e acolhedor para que a equipe se sinta à vontade para contribuir com ideias criativas" (Harvard Business Review).

Por fim, é importante que as reuniões criativas sejam planejadas com antecedência e que as ideias geradas sejam registradas e avaliadas posteriormente. Como destaca Susan M. Heathfield, "as reuniões criativas devem ser planejadas com cuidado e as ideias geradas devem ser registradas e avaliadas posteriormente para garantir que as melhores ideias sejam implementadas" (The Balance Careers).

Fontes:

Follett, M. P. (1998). The New State: Group Organization the Solution of Popular Government. Pennsylvania State University Press.

Beyerlein, M. M. (2018). Designing Effective Feedback Processes. Inc.

Rogelberg, S. (2019). The Surprising Science of Meetings: How You Can Lead Your Team to Peak Performance. Oxford University Press.

Tenbrunsel, A. E. (2016). Blind Spots: Why We Fail to Do What's Right and What to Do about It. Princeton University Press.

Sutcliffe, K. M. (2012). The Hidden Costs of Organizational Dishonesty. Harvard Business Review.

Heathfield, S. M. (2022). How to Facilitate Productive and Creative Meetings. The Balance Careers.

Tuckman

O modelo de Tuckman é uma teoria que descreve as fases que um grupo passa ao trabalhar juntos em um projeto. Ele foi proposto pelo psicólogo social Bruce Tuckman em 1965 e é amplamente utilizado em psicologia, gestão e outras áreas relacionadas ao trabalho em equipe.

O modelo de Tuckman descreve quatro fases pelas quais um grupo passa: formação, tormenta, normatização e desempenho. Aqui está uma descrição mais detalhada de cada fase:

Formação: Na fase de formação, os membros do grupo estão se conhecendo e descobrindo a tarefa a ser realizada. Há muita incerteza e ansiedade nesta fase, e os membros do grupo tendem a se comportar de maneira mais independente.

Tormenta: Na fase de tormenta, o grupo começa a trabalhar em conjunto e surgem conflitos e divergências. As diferenças de opinião podem criar tensão e desconforto, e a equipe pode ter dificuldade em decidir como proceder.

Normatização: Na fase de normatização, o grupo começa a se entender melhor e a trabalhar de forma mais eficaz juntos. As regras e normas são estabelecidas e o grupo pode começar a desenvolver um senso de identidade e coesão.

Desempenho: Na fase de desempenho, o grupo está trabalhando efetivamente e produzindo resultados. Os membros do grupo trabalham bem juntos e as tarefas são realizadas de maneira eficiente.

As fases e seus desafios

Fase de Formação:

Durante a fase de formação, os membros do grupo estão se conhecendo e descobrindo a tarefa a ser realizada. Eles tendem a se comportar de forma mais independente, com medo de se expor e com incerteza sobre o papel de cada um no grupo. Segundo Tuckman (1965), esta fase é caracterizada por uma grande dependência do líder do grupo para orientação e direção.

Robbins e Judge (2017) enfatizam que a fase de formação pode ser crítica para o sucesso do grupo, pois é nela que são estabelecidas as primeiras impressões e expectativas dos membros do grupo. Nesta fase, a liderança do grupo é crucial para estabelecer um ambiente acolhedor e encorajador.

Fase de Tormenta:

Durante a fase de tormenta, o grupo começa a trabalhar em conjunto e surgem conflitos e divergências. As diferenças de opinião podem criar tensão e desconforto, e a equipe pode ter dificuldade em decidir como proceder. Robbins e Judge (2017) explicam que, nesta fase, os membros do grupo estão mais preocupados em ser ouvidos e terem suas ideias reconhecidas.

Para Tuckman (1965), a fase de tormenta é caracterizada por uma luta pelo poder e por influência no grupo. É fundamental que os membros do grupo sejam capazes de superar as diferenças e chegar a um acordo em relação à direção do grupo.

Fase de Normatização:

Durante a fase de normatização, o grupo começa a se entender melhor e a trabalhar de forma mais eficaz juntos. As regras e normas são estabelecidas e o grupo pode começar a desenvolver um senso de identidade e coesão. Segundo Tuckman (1965), nesta fase, o grupo está mais coeso e há uma maior aceitação do líder e dos membros do grupo.

Robbins e Judge (2017) enfatizam que a fase de normatização é importante para o estabelecimento de padrões de comportamento e de comunicação dentro do grupo. É também nesta fase que os membros do grupo podem começar a se sentir mais confortáveis em contribuir com ideias e sugestões.

Fase de Desempenho:
Na fase de desempenho, o grupo está trabalhando efetivamente e produzindo resultados. Os membros do grupo trabalham bem juntos e as tarefas são realizadas de maneira eficiente. Tuckman (1965) destaca que, nesta fase, o grupo está mais coeso e existe uma forte identidade de grupo.

Para Robbins e Judge (2017), a fase de desempenho é o momento em que o grupo está funcionando em sua capacidade máxima. É importante que o líder do grupo continue a incentivar a participação ativa dos membros do grupo e a manter a coesão do grupo.

Algumas fontes bibliográficas que podem ser consultadas para aprender mais sobre o modelo de Tuckman e suas fases incluem:

Tuckman, B. W. (1965). Developmental sequence in small groups. Psychological Bulletin, 63(6), 384-399.

Robbins, S. P., &

O uso do Modelo

NASA: A NASA é uma das organizações que utiliza o modelo de Tuckman em seus projetos de missões espaciais. A agência espacial utiliza o modelo para entender e gerenciar equipes em ambientes de alta pressão e complexidade, onde a eficácia da equipe pode afetar diretamente a segurança e o sucesso da missão.

Em particular, a NASA utiliza o modelo de Tuckman para ajudar as equipes a passarem pela fase de tormenta, que pode ser particularmente difícil em ambientes de alta pressão. De acordo com um artigo publicado pela NASA em 2005, "a fase de tormenta é o momento em que as equipes começam a se confrontar com as diferenças de opinião, personalidades e habilidades. As equipes que não conseguem passar por esta fase podem não ter sucesso em alcançar seus objetivos."

Para superar a fase de tormenta, a NASA utiliza uma variedade de estratégias baseadas no modelo de Tuckman. Uma das estratégias é a promoção de um ambiente aberto e colaborativo, onde as equipes possam compartilhar seus pensamentos e ideias sem medo de retaliação. A NASA também incentiva a comunicação aberta e a resolução colaborativa de conflitos, de forma a minimizar os impactos negativos da fase de tormenta e permitir que as equipes avancem para a fase de normatização.

Fonte:

NASA. (2005). Team Development: The NASA Way. Disponível em: https://www.nasa.gov/centers/langley/news/researchernews/rn_teamdevelopment.html

Google: O Google é outra empresa que utiliza o modelo de Tuckman para gerenciar equipes de projetos e promover um ambiente de trabalho colaborativo e eficaz. De acordo com uma publicação no blog do Google, "Acreditamos que as melhores equipes são aquelas que passam pelo processo de formação, tormenta, normatização e desempenho. E, à medida que as equipes progridem nesse processo, elas tendem a ser mais inovadoras e bem-sucedidas".

O Google utiliza o modelo de Tuckman como uma estrutura para o desenvolvimento de suas equipes de projeto, incluindo o estabelecimento de objetivos claros e a comunicação eficaz. A empresa também incentiva o feedback regular entre os membros da equipe, a fim de promover a resolução colaborativa de conflitos e melhorar a eficácia da equipe.

Além disso, o Google utiliza uma variedade de técnicas para promover a colaboração e a comunicação entre as equipes, incluindo reuniões regulares e brainstorming em grupo. A empresa também incentiva a diversidade nas equipes, a fim de promover uma variedade de perspectivas e ideias.

Fonte:

Google. (2020). Building effective teams: A framework and toolkit for practitioners. Disponível em: https://rework.withgoogle.com/print/guides/5721312655835136/

Universidade de Harvard: A Universidade de Harvard também é uma instituição que utiliza o modelo de Tuckman em seus programas de ensino e pesquisa. De acordo com um artigo publicado na Harvard Business Review, "a formação de equipes bem-sucedidas é essencial para a eficácia organizacional", e o modelo de Tuckman é uma ferramenta útil para gerenciar equipes de trabalho.

Harvard utiliza o modelo de Tuckman como uma estrutura para o desenvolvimento de suas equipes de pesquisa e para a colaboração entre alunos e professores. Além disso, a universidade promove a importância da comunicação aberta e da resolução de conflitos para o sucesso das equipes de trabalho.

Em um estudo conduzido na Harvard Business School, os pesquisadores observaram que as equipes que passaram pelo processo de formação, tormenta, normatização e desempenho, tendem a ter melhor desempenho e resultados mais satisfatórios. Os pesquisadores também destacaram a importância da liderança na promoção de um ambiente de trabalho positivo e eficaz.

Fonte:

Edmondson, A. (2012). Teaming: How organizations learn, innovate, and compete in the knowledge economy. John Wiley & Sons.

Harvard Business Review. (2019). The Four Stages of Psychological Safety. Disponível em: https://hbr.org/2019/05/the-four-stages-of-psychological-safety

Esses são apenas alguns exemplos de como o modelo de Tuckman é utilizado em diferentes contextos. Há muitas outras empresas, escolas e instituições que também utilizam o modelo em suas atividades diárias.

Framework

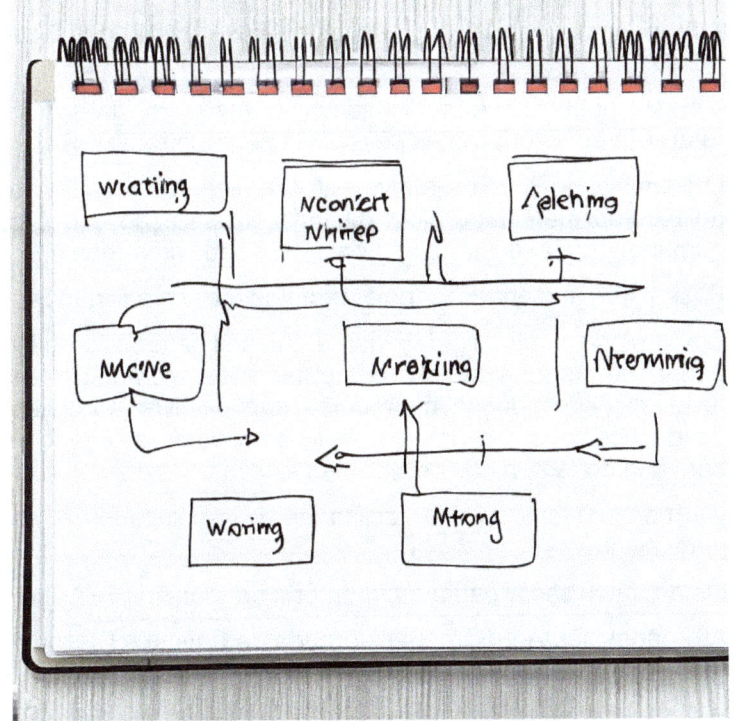

Definição

Esse é um framework para condução de encontros com a equipe fixas ou temporárias, para que sejam frutíferos e estabeleçam pontes de satisfação, criatividade e valor para as pessoas e organização.

São usados os conceitos do modelo de Tuckman em suas 5 fases: **Formação, Tormenta, Normatização, Desempenho e Adjourning.**

O **Adjourning** será explicado no final.

Valores
- Pessoas são valiosas e seu tempo também.
- O poder da reunião de pessoas deve ser maior que uma pessoa só.
- Esse poder deve ser objetivo e foco em gerar um resultado de valor para as pessoas e para a organização.

O Framework Reunion é leve, simples e prevê o bom uso do recurso mais importante de uma organização que é o humano, para executar com bons resultados uma reunião.

Possui três personagens, dois artefatos e cinco atividades.

Embora haja algum detalhamento nos artefatos, eles podem ser resumidos ou aumentar seus elementos, as técnicas de condução da reunião são de livre aplicação desde que levem a um resultado com valor agregado e bom uso do tempo das pessoas envolvidas.

Os personagens são o facilitador, o organizador e os participantes.

Os artefatos são a pauta e a memória de reunião.

Atividades são Aquecimento, Jornada da Equipe e Closure

Aquecimento

Responsáveis : Facilitador e Organizador

Artefatos : Pauta

Jornada da Equipe

Responsáveis : Facilitador, organizador e participantes

Artefatos : Memória de Reunião

Closure

Responsáveis : Facilitador e Organizador

Artefatos : Exits

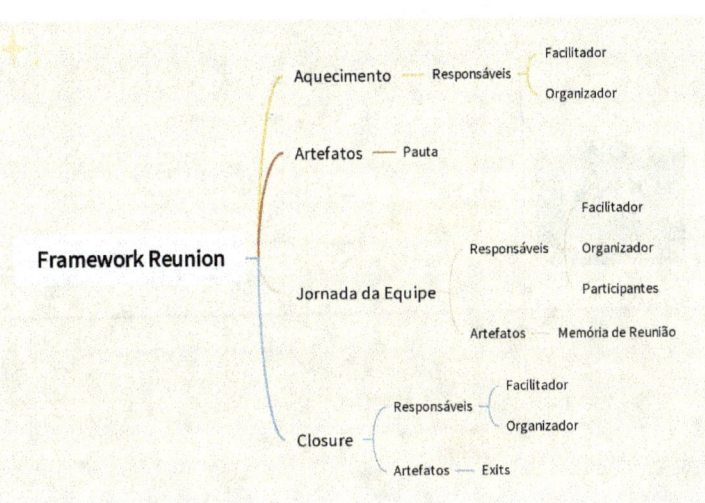

Aquecimento

Neste momento, ocorre uma interação intensa entre o Facilitador e o Organizador, visando estabelecer uma comunicação eficiente. O papel do facilitador é conduzir, quando necessário, a elaboração da pauta, utilizando técnicas de Desing Thinking.

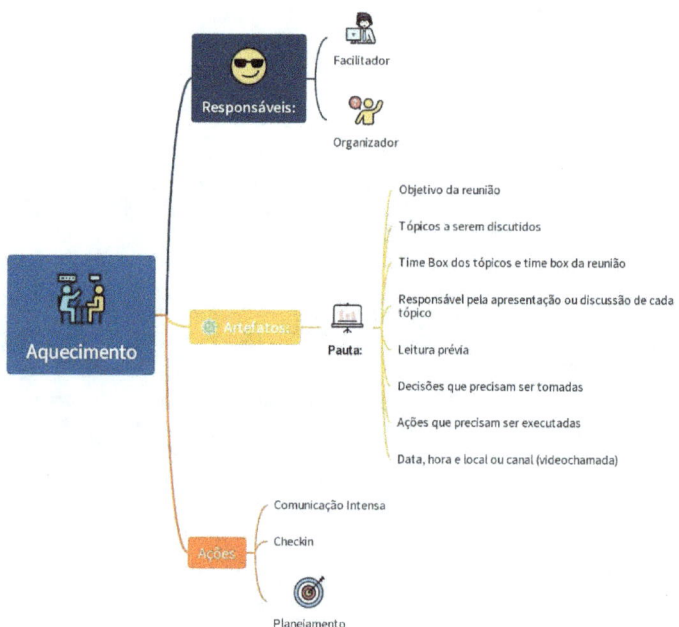

O facilitador desempenha um papel fundamental ao auxiliar o organizador na elaboração de uma pauta clara e objetiva. Isso inclui definir os resultados esperados, os participantes envolvidos, o tempo necessário para cada etapa da reunião e os recursos requeridos. Além disso, essa etapa também oferece uma oportunidade para ensinar e estabelecer uma nova cultura de reuniões produtivas e criativas.

Por sua vez, o organizador deve respeitar o time box, ou seja, começar e encerrar a reunião no horário previamente acordado. Dessa forma, o organizador demonstra autoridade e respeito pelos participantes, evitando atrasos e desperdício de tempo e recursos. É importante também excluir pessoas desnecessárias, a fim de garantir a eficiência do encontro.

Durante o aquecimento, o facilitador deve escolher uma atividade de quebra-gelo adequada ao perfil e número de participantes. Esse momento tem o objetivo de criar um ambiente de confiança e colaboração, estabelecendo um clima propício para a discussão e o trabalho em equipe.

O resultado dessa etapa é a pauta, que deve ser enviada aos participantes juntamente com os convites de reunião. A pauta serve como um artefato fundamental, fornecendo um roteiro para a reunião, orientando os participantes sobre os assuntos a serem abordados e os objetivos a serem alcançados. Dessa forma, todos os envolvidos estarão devidamente informados e preparados para a reunião.

Jornada da Equipe

A jornada da equipe é o momento crucial em que colocamos em prática tudo o que foi planejado durante o aquecimento. É nesse momento que realmente entramos em ação e trabalhamos para atingir os objetivos definidos.

Durante essa jornada, é importante manter a seriedade e o foco estabelecidos durante a reunião. O facilitador pode contar com a ajuda do Organizador para aplicar as técnicas adequadas que irão auxiliar no alcance dos objetivos do projeto, ou simplesmente observar e avaliar o desenvolvimento da equipe.

Antes de iniciar a jornada, o facilitador deve explicar claramente o que vai acontecer e quais são os objetivos a serem alcançados. A pauta deve ser apresentada de forma concisa e a jornada deve começar imediatamente, sem delongas.

Faça um checkin. Explicado mais à frente no livro.

Sugiro que seja estabelecido um acordo em equipe, no qual sejam definidos intervalos, comportamentos e o tempo máximo para cada atividade, conhecido como "time box". Esse acordo ajudará a manter o ritmo e garantir que todos estejam alinhados e comprometidos com o cronograma estabelecido.

Durante a jornada, é importante que o tempo seja controlado e cronometrado, para que seja possível avaliar os resultados alcançados. Caso os objetivos sejam atingidos antes do término do time box, é possível antecipar o encerramento da jornada. No entanto, é fundamental não incluir novos objetivos ou iniciar novas conversas caso ainda haja tempo disponível.

Esteja atento e desenvolva habilidades de escuta e visão ativa durante a jornada. Os participantes devem estar engajados e utilizar ao máximo suas habilidades individuais. Afinal, eles foram convidados justamente por isso, para contribuir com suas competências e conhecimentos.

Em resumo, a jornada da equipe é o momento-chave em que as ações planejadas são executadas. Mantenha o foco, cumpra o cronograma estabelecido, aproveite ao máximo as habilidades individuais dos participantes e esteja atento aos resultados alcançados. Assim, será possível obter sucesso no projeto.

Closure

O encerramento do processo é tão importante quanto a abertura, pois é nesse momento que podemos avaliar o que foi realizado e fazer ajustes nas ações e no planejamento para os próximos encontros. Veja a seguir algumas ideias para tornar o fechamento excelente:

1. Dê importância à escuta: Programe-se para encerrar a reunião alguns minutos antes do horário previsto e incentive os colaboradores a fornecer feedbacks. Demonstre interesse genuíno em ouvir suas opiniões, sugestões e preocupações, criando um espaço aberto para o diálogo.

2. Neutralize o clima de uma reunião complicada: Se houve alguma discussão acalorada ou desentendimento durante a reunião, é importante encerrar com uma mensagem positiva e motivadora. Mostre que todos estão no mesmo time e que os problemas podem ser resolvidos através do trabalho em equipe e da colaboração mútua.

3. Termine em um tom harmonioso: Agradeça a presença e a participação de todos os envolvidos na reunião. Elogie as boas contribuições que foram feitas e reforce a importância da reunião para o trabalho em equipe e para o progresso do projeto. Demonstre apreciação pelo esforço coletivo.

4. Faça uma chamada para ação: Faça uma síntese dos assuntos discutidos durante a reunião e destaque as principais conclusões e decisões tomadas. Atribua tarefas e responsabilidades a cada membro da equipe, definindo prazos e metas claras. Isso ajudará a garantir que todos estejam alinhados em relação ao que foi discutido e acordado.

5. Reconheça boas contribuições: Valorize as ideias e sugestões dos colaboradores, reconhecendo seus méritos

e incentivando sua criatividade. Mostre que suas contribuições são importantes e que a equipe valoriza a diversidade de pensamentos e perspectivas.

Além disso, é recomendado formalizar todo o processo com um e-mail, que deve incluir uma memória da reunião, resumindo os pontos-chave discutidos, as decisões tomadas e os próximos passos a serem seguidos. Caso seja necessário marcar novos encontros, mencione as datas e horários relevantes. Isso ajudará a manter todos informados e engajados no processo após a reunião.

Dedicar atenção e cuidado ao encerramento de uma reunião reforça a importância do trabalho em equipe e promove um ambiente de colaboração e confiança entre os membros.

Personagens

Facilitador

O facilitador de uma reunião é responsável por assegurar que a reunião atinja seu objetivo e que o tempo dos participantes seja bem aproveitado. Para isso, ele precisa ter competências de facilitação e conhecimentos sobre abordagens ágeis, como Design Thinking, Scrum e Kanban.

O facilitador apoia o organizador da reunião, mas tem um papel fundamental na condução das atividades. Ele deve provocar a "tormenta" de Tuckman.

Nessa fase, ocorrem conflitos entre os membros do grupo, como resistência à liderança, disputa de poder e divergência de opiniões. Esses conflitos podem ser benéficos para o grupo, se forem resolvidos com respeito e comunicação, pois permitem o estabelecimento de uma hierarquia e uma oportunidade de crescimento e aprendizado.

O facilitador deve conduzir essa fase com segurança emocional, pois isso pode ser um fator de sucesso do modelo que defendo. Ao estabelecer funções e objetivos claros dentro das especialidades de cada integrante do grupo, o facilitador dilui as disputas de poder e garante segurança psicológica ao grupo.

Um estudo realizado pela empresa Doodle sobre as melhores práticas para reuniões, apontou que "um facilitador eficaz pode ajudar a manter a reunião focada e no caminho certo, mantendo todos os participantes envolvidos e colaborativos" (Doodle, 2021). Além disso, um facilitador habilidoso é capaz de garantir que todos os participantes tenham a oportunidade de contribuir e se sentir ouvidos, o que pode aumentar a produtividade da equipe.

A utilização de métodos ágeis, como Design Thinking, Scrum e Kanban, pode ajudar o facilitador a guiar a reunião de forma mais eficiente e colaborativa. Por exemplo, o Design Thinking pode ser utilizado para gerar ideias e soluções criativas para um problema em questão, enquanto o Scrum pode ajudar a equipe a priorizar e planejar suas tarefas. Já o Kanban pode ser utilizado para visualizar o progresso da equipe e garantir que as tarefas estejam sendo realizadas dentro do prazo estabelecido.

Um estudo realizado pela empresa McKinsey sobre a adoção de métodos ágeis nas empresas apontou que "empresas que utilizam métodos ágeis são capazes de responder às mudanças de mercado com mais rapidez e eficiência, aumentando a colaboração e a produtividade da equipe" (McKinsey, 2018).

Portanto, investir em um facilitador com habilidades de facilitação e conhecimentos sobre métodos ágeis pode trazer benefícios significativos para a realização de uma reunião informativa bem-sucedida. A utilização dessas metodologias pode aumentar a colaboração e a eficiência da equipe, resultando em uma reunião mais produtiva e com resultados mais satisfatórios.

Responsabilidades do facilitador

É responsabilidade do Facilitador orientar o organizador a preencher a pauta e a memória da reunião.

É responsabilidade do Facilitador elaborar e conduzir técnicas, como por exemplo o Design Thinking, adequadas para a consecução dos objetivos propostos pelo organizador.

A responsabilidade de criar um ambiente psicologicamente seguro é do facilitador. Ambiente psicologicamente seguro é onde as pessoas se sentem confortáveis para falarem suas opiniões, compartilharem experiências e ideias. Dessa forma, todos ficam tranquilos e seguros para se expor diante de outros colaboradores da empresa.

Para isso, é necessário que o facilitador crie um ambiente de confiança e respeito mútuo entre os participantes. Além disso, o facilitador deve estar atento às necessidades dos participantes e criar um ambiente onde todos se sintam à vontade para expressar suas opiniões e ideias.

Fontes:

Segurança Psicológica: o que é e como implementar - Vittude Corporate. https://bing.com/search?q=O+que+%c3%a9+ambiente+psicologicamente+seguro%3f.

A importância de um ambiente de trabalho psicologicamente seguro. https://www.mundorh.com.br/a-importancia-de-um-ambiente-de-trabalho-psicologicamente-seguro/.

Ambiente psicologicamente seguro: como criar um na sua empresa. https://www.recrutamente.com.br/como-criar-um-ambiente-psicologicamente-seguro/.

(4) Segurança psicológica: entenda o que é e como implementá ... - ADVBOX. https://blog.advbox.com.br/seguranca-psicologica/.

(5) 8 maneiras de criar um ambiente psicologicamente seguro. https://holos.com.br/como-criar-um-ambiente-psicologicamente-seguro/.

O organizador

O papel do organizador de uma reunião é fundamental para garantir o sucesso do encontro. Ele deve se encarregar de preparar a pauta e a memória de reunião, além de seguir as seguintes recomendações:

- Ter clareza sobre o objetivo da reunião e a mensagem que quer transmitir aos participantes.

- Identificar o problema que precisa ser resolvido ou a solução que precisa ser melhorada, e definir os critérios de avaliação.

- Selecionar as pessoas que têm as competências necessárias para contribuir com a solução, e convidá-las com antecedência.

- Pesquisar sobre o perfil e os interesses das pessoas que vão participar da reunião, e planejar como envolvê-las na discussão.

- Caso tenha dificuldades para realizar essas tarefas, contar com o apoio do facilitador, que pode aplicar técnicas de facilitação para ajudar o organizador a esclarecer suas ideias e organizar a reunião.

- Estar disposto a aprender com os demais participantes, a se deixar conduzir pelo facilitador, e a reconhecer a sabedoria coletiva da equipe.

Artefatos

Pauta

Uma pauta de reunião é uma ferramenta importante para garantir que a reunião seja produtiva e eficiente. No modelo ela faz parte do "Aquecimento". Ela serve como um guia para a discussão dos tópicos e ajuda a manter o foco no assunto em questão.

Uma boa pauta deve incluir o objetivo da reunião, os tópicos a serem discutidos, o tempo previsto para cada um deles e a pessoa responsável pela apresentação ou discussão de cada tópico. É importante também incluir informações relevantes, como documentos a serem apresentados, decisões que precisam ser tomadas ou ações que precisam ser tomadas após a reunião.

Ao estabelecer uma pauta clara e concisa, os participantes da reunião podem se preparar com antecedência e se concentrar nos tópicos em questão, evitando conversas desnecessárias e tempo perdido. Além disso, uma pauta pode ajudar a evitar discussões e conflitos improdutivos, ao garantir que todas as partes tenham a oportunidade de se expressar e que todos os pontos sejam considerados.

Uma pauta também pode ser usada para rastrear o progresso da reunião e garantir que todos os tópicos sejam abordados dentro do tempo previsto. Se algum tópico não for discutido durante a reunião, ele pode ser incluído em uma pauta futura ou em uma reunião adicional.

Em resumo, a pauta de reunião é uma ferramenta essencial para garantir que as reuniões sejam produtivas e eficientes. Ao estabelecer objetivos claros, tópicos de discussão e responsabilidades, a pauta ajuda a manter a reunião focada e eficaz, permitindo que as decisões sejam tomadas e as ações sejam tomadas de forma eficiente.

Informações da Pauta

- Objetivo da reunião

- Tópicos a serem discutidos
- Time Box dos tópicos e time box da reunião
- Responsável pela apresentação ou discussão de cada tópico
- Leitura prévia
- Decisões que precisam ser tomadas
- Ações que precisam ser executadas
- Data, hora e local ou canal (videochamada)

Informações da Pauta é uma seção importante que deve estar presente em toda convocação de reunião. É essencial que todos os participantes saibam com clareza qual é o objetivo da reunião, os tópicos que serão discutidos, o tempo previsto para cada tópico e para a reunião como um todo, bem como quem será o responsável pela apresentação ou discussão de cada tópico.

O Objetivo da reunião deve ser claro e conciso, para que os participantes saibam exatamente o que esperar e possam se preparar adequadamente. É importante destacar que o objetivo da reunião deve estar alinhado com os objetivos gerais da empresa ou do projeto em questão.

Os tópicos a serem discutidos devem ser numerados e organizados de forma lógica, para que os participantes saibam o que esperar e possam se preparar adequadamente. É importante que esses tópicos estejam relacionados com o objetivo geral da reunião.

O Time Box dos tópicos e da reunião é uma forma de garantir que a reunião seja produtiva e não se estenda mais do que o necessário. Cada tópico deve ter um tempo previsto para ser discutido, e o tempo total da reunião também deve ser estabelecido. Isso ajuda a garantir que todos os tópicos sejam abordados e que a reunião não se estenda desnecessariamente.

O Responsável pela apresentação ou discussão de cada tópico deve ser definido antecipadamente, para garantir que a reunião flua de forma organizada e eficiente. Cada responsável deve ter clareza sobre o que se espera dele e estar preparado para apresentar ou discutir o tópico em questão.

Leitura prévia pode ser necessária em algumas situações, especialmente quando há relatórios ou documentos que precisam ser discutidos. É importante informar antecipadamente para que os participantes possam se preparar e contribuir de forma mais eficaz na reunião.

Decisões que precisam ser tomadas devem ser listadas para que os participantes tenham clareza sobre o que será decidido na reunião. Isso ajuda a manter o foco e evitar desvios desnecessários durante a reunião.

Ações que precisam ser executadas devem ser claramente definidas e atribuídas a uma pessoa ou equipe. É importante que essas ações sejam registradas e acompanhadas após a reunião, para garantir que sejam executadas de forma adequada e no prazo estabelecido.

Em resumo, a Pauta de reunião é um documento fundamental para garantir que a reunião seja produtiva e eficiente. Ela deve conter informações claras e precisas sobre o objetivo da reunião, os tópicos a serem discutidos, o Time Box dos tópicos e da reunião, os responsáveis por cada tópico, a necessidade de leitura prévia, as decisões que precisam ser tomadas e as ações que precisam ser executadas. Ao seguir essas orientações, é possível conduzir reuniões mais eficazes e contribuir para o sucesso da empresa ou projeto em questão.

Começamos formar e normatizar a equipe. As pessoas não precisam gastar tempo e energia. Aqui delimitamos o escopo e começamos a pensar em quem vai participar do processo. A importância do escopo e das pessoas é não convidar quem não precisa e/ou não pode participar do processo. Além do desperdício, temos o princípio do privilégio mínimo.

O princípio do privilégio mínimo é um conceito de segurança da informação que limita os direitos de acesso dos usuários apenas ao que é estritamente necessário para realizar seus trabalhos. É uma prática de segurança da informação, além de ser uma etapa fundamental na proteção do acesso privilegiado a dados e ativos de alto valor.

Com eliminamos a necessidade de a equipe realizar discussões a respeito de quem faz o que e os limites das discussões. Isso minimiza o momento de Tormenta, pois não há decisões a tomar. Economizamos e eliminamos desgastes desnecessários. A equipe até aqui está em paz.

Fontes:

Doodle (2021). Best Practices for Effective Meetings. Disponível em: https://www.doodle.com/blog/best-practices-for-effective-meetings/

McKinsey (2018). The Global Agile Survey. Disponível em: https://www.mckinsey.com/business-functions/digital-mckinsey/our-insights/the-global-agile-survey-navigating-the-journey-to-success

Ao definir a data, hora e local ou canal (em caso de videochamada), você permite que os participantes organizem suas agendas e verifiquem se poderão comparecer. É importante também escolher um local ou canal adequado para o tipo de reunião que será realizada, levando em consideração fatores como a privacidade, o silêncio e a conexão de internet.

Ambiente

Embora o ambiente não seja um elemento da pauta, incluo ele aqui. O ambiente é um fator crucial para o sucesso da reunião. Já presenciei casos em que a reunião não começou ou fracassou devido a problemas de ambiente. É fundamental reservar uma sala adequada ao número de participantes, verificar o equipamento necessário para a apresentação e garantir que a sala esteja limpa, sem odores desagradáveis e com temperatura agradável. Falta de acesso ao local, salas reservadas por um período insuficiente e menos cadeiras do que o necessário também são problemas a serem evitados.

Exits

Ao final da reunião o artefato Exits deve ser preenchido com as seguintes informações:

1. Data e hora da reunião:
2. Participantes presentes:
3. Objetivos da reunião:
4. Principais pontos discutidos:
5. Decisões tomadas:
6. Ações a serem realizadas:
   - Responsável pela ação:
   - Prazo:
7. Feedback dos colaboradores:
8. Agradecimentos e reconhecimento de boas contribuições:
9. Resumo das principais conclusões:
10. Chamada para ação:
    - Tarefas atribuídas:
    - Responsável por cada tarefa:
    - Prazos e metas definidas:
11. Próximas datas de encontros, se aplicável.

Esses itens ajudarão a registrar as informações relevantes discutidas na reunião, as decisões tomadas e as responsabilidades atribuídas a cada membro da equipe. Além disso, permitirão que você tenha uma visão clara do que foi discutido e dos próximos passos a serem seguidos, garantindo uma continuidade eficiente do trabalho.

Memória de Reunião

É importante também enviar o registro da reunião para os participantes após o término do encontro, para que possam se lembrar dos pontos discutidos, decisões e tarefas.

- Data e hora da reunião: é importante registrar a data e hora exatas da reunião para fins de referência e para garantir que todos os participantes estejam cientes de quando a reunião ocorreu. Isso também ajuda a evitar confusão ou mal-entendidos sobre o momento da reunião.

- Lista de participantes: é essencial registrar a lista completa de participantes da reunião, incluindo seus nomes e cargos. Isso ajuda a garantir que todas as partes interessadas estejam representadas e que os participantes possam entrar em contato uns com os outros se necessário. Também dá responsabilidade aos tomadores de decisão, bem como dá crédito se há criatividade e boas ideias envolvidas.

- Tópicos discutidos: registrar os tópicos discutidos na reunião ajuda a manter o foco da discussão e a garantir que todos os itens de agenda sejam abordados. Isso também é útil para lembrar o que foi discutido em reuniões futuras e para garantir que todos os participantes estejam cientes do progresso e das decisões tomadas em relação a cada tópico.

- Acordos alcançados: registrar os acordos alcançados na reunião é importante para garantir que todos os participantes estejam cientes das decisões tomadas e dos compromissos assumidos. Isso também ajuda a evitar mal-entendidos e conflitos futuros, já que os acordos podem ser revisados e referenciados conforme necessário.

- Ações a serem tomadas: é essencial registrar as ações a serem tomadas após a reunião, incluindo quem é responsável por cada ação e o prazo para conclusão. Isso ajuda a garantir que todos os participantes estejam cientes de suas responsabilidades e prazos e que as ações necessárias sejam tomadas de maneira oportuna.

- Responsável por cada ação e prazo para conclusão: registrar quem é responsável por cada ação e o prazo para conclusão ajuda a garantir que todas as tarefas sejam atribuídas a um indivíduo específico e que as datas de conclusão sejam claras. Isso também ajuda a evitar atrasos e garantir que todas as ações necessárias sejam concluídas dentro do prazo.

Adjourning

Na teoria de Tuckman sobre o desenvolvimento de equipes, adjourning (ou desfecho) é a última etapa do processo. Essa etapa é frequentemente negligenciada ou esquecida, mas é importante para permitir que a equipe se separe de forma apropriada e reconheça suas conquistas e desafios durante o trabalho em equipe.

Durante a etapa de adjourning, a equipe encerra suas atividades em conjunto, seja porque concluiu um projeto ou porque a equipe foi dissolvida. Nesta fase, é importante que os membros da equipe tenham a oportunidade de se despedir, refletir sobre o que foi realizado e aprender com os sucessos e desafios que enfrentaram. A liderança da equipe, em conjunto com o facilitador, pode ajudar a executar essa reflexão, destacando o que foi alcançado e encorajando os membros da equipe a compartilhar seus pensamentos e sentimentos sobre a experiência.

É importante ressaltar que, mesmo que a equipe esteja se separando, é essencial que os membros mantenham contato e permaneçam conectados, caso precisem trabalhar juntos novamente no futuro. A etapa de adjourning é, portanto, uma oportunidade para consolidar as relações e se despedir da equipe de forma adequada e respeitosa.

É importante notar que, embora a teoria de Tuckman tenha sido inicialmente desenvolvida para equipes de trabalho em projetos, ela também pode ser aplicada em outros contextos, como grupos de estudo ou equipes esportivas. Em qualquer situação, a etapa de adjourning é importante para reconhecer o fim de uma fase e permitir que os membros da equipe processem sua experiência de forma adequada.

Domenico De Masi, em seu livro "O Ócio Criativo", apresenta a ideia de que o encerramento de uma tarefa é um momento de reflexão e avaliação, no qual o indivíduo pode aprender com a experiência vivida e obter insights para aprimorar suas próximas atividades. Ele destaca a importância de se dedicar a projetos que sejam significativos e desafiadores, e de se manter uma atitude curiosa e aberta ao aprendizado.

Outros autores que também têm contribuições relevantes sobre o tema do encerramento de tarefas incluem:

- Mihaly Csikszentmihalyi: Em sua teoria do fluxo, Csikszentmihalyi destaca a importância de estabelecer metas claras e desafiadoras e de se concentrar intensamente na atividade em questão, de modo a alcançar um estado de fluxo ou "experiência ótima". Ele ressalta que o encerramento de uma tarefa bem-sucedida pode gerar um sentimento de realização e satisfação, que contribui para o bem-estar psicológico.

- David Allen: Em seu livro "A Arte de Fazer Acontecer", Allen propõe um sistema de gestão do tempo baseado na definição de prioridades, na organização das tarefas em listas e na revisão periódica dessas listas. Ele destaca a importância de se revisar e encerrar regularmente as tarefas concluídas, de modo a manter a clareza mental e evitar a sobrecarga cognitiva.

- Peter Drucker: Em sua obra "Administração: Tarefas, Responsabilidades e Práticas", Drucker enfatiza a importância de se definir claramente os objetivos de uma tarefa ou projeto e de se avaliar periodicamente os resultados alcançados, de modo a identificar eventuais desvios e ajustar a rota. Ele destaca que o encerramento de uma tarefa deve ser seguido por uma análise crítica e pela definição de novas metas e desafios.

Concluir uma tarefa e demonstrar seu ocaso é muito importante.

Efeito Zeigarnik

Bluma Zeigarnik (1901 - 1988) foi uma importante psicóloga do século XX, responsável por identificar o viés cognitivo conhecido como Efeito Zeigarnik. Esse efeito descreve a tendência de lembrar melhor das tarefas não concluídas do que as concluídas.

Por isso...

Ao final da reunião, não se esqueça de:

- Sintetizar as definições do grupo;

- Enfatizar os pontos positivos, os benefícios e o que o grupo ganhou com a reunião;

- Definir os próximos passos: ações, comunicações e encontros;

- Demonstrar e celebrar os resultados alcançados;

- Encerrar o encontro com a certeza de que todos estão cientes das decisões tomadas;

- Agradecer a presença dos participantes.

Check-in

Mas o Check-in tem sua importância no processo.

Preparar a equipe para que estejam alinhados em relação às expectativas e aos objetivos do projeto, e que se sintam confiantes e motivados para trabalhar em equipe é o primeiro desafio do Facilitador e para o Organizador.

Uma forma de promover esse alinhamento e essa confiança é realizar o checkin, uma atividade que acontece no início de cada sessão de trabalho do projeto. O checkin é uma oportunidade para que os participantes se apresentem, se conheçam melhor, compartilhem suas visões sobre o projeto e definam as regras de convivência do grupo.

O checkin pode ser feito de diversas formas, dependendo do tempo disponível, do tamanho do grupo e do nível de intimidade entre os participantes. Algumas sugestões de formatos de checkin são:

- Uma dinâmica de apresentação: cada participante se apresente dizendo seu nome, sua função no projeto e algo que gosta de fazer no tempo livre. Essa dinâmica ajuda a quebrar o gelo e a criar um clima mais descontraído.

- Uma roda de conversa: cada participante compartilha como está se sentindo em relação ao projeto, quais são suas expectativas e seus desafios. Essa dinâmica ajuda a criar um espaço de escuta e de empatia entre os participantes.

- Uma votação: cada participante vota em uma escala de 1 a 5 o quanto está animado, confiante e preparado para o projeto. Essa dinâmica ajuda a identificar o nível de engajamento e de confiança do grupo.

- Uma brincadeira: cada participante escolhe um objeto que representa algo sobre si mesmo ou sobre o projeto e explica o porquê. Essa dinâmica ajuda a estimular a criatividade e a diversão.

O importante é que o checkin seja divertido, rápido e envolvente, e que permita que todos se expressem e se conectem. O checkin em uma reunião é uma ferramenta simples, mas poderosa, para criar um ambiente propício para a inovação.

Na hora da reunião, lembre-se de:

- Recepcionar os convidados e apresentar-se aos novos integrantes;

- Ser pontual na abertura da reunião e breve na apresentação dos tópicos;

- Aplique uma técnica de quebra gela rápida

- Estabelecer as regras para: uso de celulares e demais interrupções, pausas e cumprimento dos prazos;

- Discutir a pauta com os participantes, se necessário;

- Definir alguém para redigir a memória de reunião pra futura revisão e aprimoramento dos demais colegas;

- Ouvir, observar e atentar-se à linguagem verbal e não verbal dos participantes;

- Ser preciso na discussão dos temas e não prolongar o encontro com assuntos em vão.

Dicas para reuniões informativas

Independentemente do tipo de reunião que será realizada, é importante designar um facilitador ou moderador experiente e utilizar um plano ou técnica adequada para cada situação. É recomendável que o líder da reunião não assuma a condução dela para ter mais espaço para observar, anotar, aprender e interagir com os participantes. Isso não significa que o líder não está no controle, mas sim que ele está mais focado no conteúdo em vez da forma.

Se você for o gestor ou facilitador designado, é importante seguir as diretrizes abaixo como método, não há atalho.

Conteúdo

Além da confidencialidade, é necessário que o conteúdo esteja organizado, em bom português, e diretamente ao que foi anunciado. Não inclua na hora da reunião assuntos, mesmo que sejam correlatos. Apresente o que planejou. Outra pauta merece outra reunião, desde que seja realmente importante. Dentro do assunto conteúdo temos a pauta. Mantenha e apresente rapidamente uma pauta, até para que os ouvintes também se atenham ao assunto.

Se alguém quiser incluir novos assuntos, decline com educação e polidez. Se você se preparou certamente não deixou nada de fora.

Preparação

Antes de iniciar a reunião, é importante estar familiarizado com o assunto a ser discutido. Caso contrário, permita que alguém com mais conhecimento fale sobre o tema. Evite abordar conceitos que não conhece ou que possam gerar controvérsias e atrapalhar a reunião. Se isso acontecer, encerre o assunto e se comprometa a estudá-lo posteriormente.

No caso de feedback, é essencial dominar a técnica adequada. Não se trata de uma tarefa simples e existem cursos gratuitos e pagos disponíveis na internet para aprimoramento. O despreparo do palestrante pode arruinar a apresentação e criar um clima negativo na equipe.

A pesquisa da HBR, já citada acima deu o exemplo de Simone Kauffeld, da Technische Universität Braunschweig, e Nale Lehmann-Willenbrock, da Universidade de Amsterdã, descobriram em um estudo que "comportamentos disfuncionais em reuniões (incluindo desviar do assunto, reclamar e criticar) foram associados a níveis mais baixos de participação de mercado, inovação e estabilidade no emprego."

Recursos

Ao identificar os recursos necessários para a reunião (como canetas, post-its, projetor, etc), você evita a falta de materiais que possam prejudicar a dinâmica do encontro. Além disso, é importante escolher a técnica ou ferramenta adequada para o objetivo da reunião, levando em consideração o tipo de público, a complexidade do assunto, entre outros fatores.

Chegar com antecedência

Ao chegar com antecedência no local da reunião, você garante que tudo esteja organizado e pronto para o início do encontro. Isso evita atrasos e ajuda a criar um clima agradável e produtivo para os participantes. Em caso de videochamada, é importante fazer um teste prévio nos aplicativos que serão utilizados, para evitar problemas técnicos durante a reunião.

Resumindo...

A organização de uma reunião informativa pode ser um processo complexo e é importante se atentar a alguns detalhes para garantir que ela seja produtiva. De acordo com Heathfield (The Balance Careers), é essencial definir o tema e objetivo da reunião logo no início, para que os participantes saibam o que esperar e possam decidir se devem ou não participar. Isso pode economizar tempo e recursos, evitando a presença de pessoas desnecessárias.

Além disso, é importante definir a data, hora e local ou canal de videochamada com antecedência, para que os participantes possam se organizar e até mesmo declinar a participação por questões de indisponibilidade. Heathfield ainda destaca que é fundamental estabelecer um tempo previsto para a reunião, com cada tema a ser abordado possuindo um tempo definido. Isso ajuda a manter a reunião dentro do tempo esperado e a estabelecer um tempo total para a reunião.

Outro aspecto importante é definir os recursos necessários para a reunião. Existem técnicas que exigem materiais como canetas, post-its, entre outros. É importante garantir que esses recursos estejam disponíveis para que a reunião possa ser executada de maneira adequada.

Por fim, é fundamental ter um registro da reunião, que pode ser realizado pelo responsável pela convocação. Esse registro deve incluir a ata, conclusões e participantes, entre outras informações relevantes. Além disso, é importante chegar ao local com antecedência para organizar o ambiente e garantir que a reunião ocorra de maneira confortável e produtiva. Em caso de chamada à distância, é importante fazer testes nos aplicativos que serão utilizados, para evitar problemas técnicos que possam prejudicar a reunião.

Em resumo, a organização de uma reunião informativa pode ser facilitada com a adoção de algumas práticas, como a definição clara do tema e objetivo, estabelecimento de tempo previsto e recursos necessários, registro da reunião e preparação adequada do ambiente ou canal de videochamada. Dessa forma, é possível garantir uma reunião produtiva e eficiente para todos os envolvidos.

Ferramentas para otimizar reuniões

Além das dicas que fui compartilhando com você ao longo deste conteúdo, existe também uma forma bastante eficiente de tornar suas reuniões ainda mais produtivas, que é a utilização de ferramentas, capazes de otimizar a discussão, efetivamente e na prática.

As reuniões mal conduzidas podem resultar em prejuízos significativos para as empresas. Veja alguns dados e estatísticas que comprovam isso:

37% das reuniões são consideradas improdutivas pelos seus participantes. (Fonte: Harvard Business Review)

Em média, os líderes gastam 15% do seu tempo em reuniões improdutivas. (Fonte: Harvard Business Review)

As empresas gastam em média 15% do seu tempo coletivo em reuniões. (Fonte: The Muse)

Em um estudo realizado pela Bain & Company, 65 executivos de empresas que faturam mais de US$ 2 bilhões por ano foram questionados sobre suas reuniões. A maioria considerou as reuniões improdutivas e uma perda de tempo.

Uma pesquisa realizada pelo software de gerenciamento de projetos Wrike descobriu que 56% dos entrevistados acham que as reuniões são uma perda de tempo. Além disso, 35% das pessoas acreditam que as reuniões são o maior obstáculo para a produtividade no trabalho.

Esses dados mostram que as reuniões mal conduzidas não são apenas uma perda de tempo, mas também podem prejudicar a produtividade e os resultados das empresas. Por isso, é importante que os líderes sejam capazes de conduzir reuniões eficazes e produtivas.

Segundo um estudo da empresa de consultoria Bain & Company, uma reunião sem objetivo claro ou agenda definida pode custar até 15% do tempo de uma equipe de gerência média (Fonte: Harvard Business Review).

De acordo com uma pesquisa da Microsoft, 69% dos funcionários afirmam que as reuniões improdutivas são o maior desperdício de tempo no ambiente de trabalho (Fonte: CNBC).

Outro estudo da empresa de tecnologia Doodle revelou que os profissionais gastam em média 4 horas por semana em reuniões improdutivas, o que representa cerca de 13 dias por ano (Fonte: Business Insider).

Ainda segundo a mesma pesquisa da Doodle, 62% dos participantes afirmam que a reunião não teve um objetivo claro, 47% afirmam que a duração foi maior do que o necessário e 41% relatam que a discussão foi pouco produtiva (Fonte: Business Insider).

Um estudo da empresa de software de colaboração Atlassian revelou que os funcionários gastam em média 31 horas por mês em reuniões improdutivas (Fonte: Atlassian).

Esses dados mostram que uma reunião mal conduzida pode ter impactos significativos na produtividade e no tempo dos colaboradores, o que destaca ainda mais a importância de se ter um facilitador capacitado e uma boa estrutura de planejamento e condução das reuniões.

"Reuniões improdutivas podem custar às empresas bilhões de dólares a cada ano." (Fonte: Forbes)

"Gastamos cerca de 6 horas por semana em reuniões improdutivas, o que equivale a 12% do nosso tempo de trabalho." (Fonte: Harvard Business Review)

"Muitos executivos relatam que cerca de metade das reuniões que eles frequentam são improdutivas." (Fonte: Harvard Business Review)

"Reuniões sem agenda clara, sem objetivos definidos e sem um líder facilitador experiente podem ser um enorme desperdício de tempo." (Fonte: Inc.)

"De todas as reuniões realizadas, apenas 37% são consideradas eficazes pelos participantes." (Fonte: Atlassian)

Aqui estão as fontes utilizadas para os dados e citações mencionados anteriormente:

"The Cost of Bad Meetings: A Global Survey Report" da empresa de soluções de videoconferência, LoopUp, em parceria com a Universidade de Sheffield: https://loopup.com/resources/the-cost-of-bad-meetings/

"How Much Time Do We Waste in Meetings?" artigo publicado na Harvard Business Review: https://hbr.org/2019/07/how-much-time-do-we-waste-in-meetings

"Why Most Meetings Are Unproductive (And How To Change That)" artigo publicado na Forbes: https://www.forbes.com/sites/ashleystahl/2021/05/18/why-most-meetings-are-unproductive-and-how-to-change-that/?sh=6fbb693b5802

"The Cost of Disengaged Employees" relatório da Gallup: https://www.gallup.com/workplace/231587/millennials-job-hopping-generation.aspx

"The State of Meetings Report" da empresa de tecnologia de reuniões, Doodle: https://doodle.com/state-of-meetings-report-2021/

Kanban

Use o Kanban.

Principalmente para problemas simples ou complexos, com várias atividades ou tarefas envolvidas.

O kanban é um método visual para gerenciar e conduzir o trabalho, incluindo reuniões de equipe, que se originou na fábrica da Toyota no Japão[1]. O kanban usa um quadro com cartões e colunas para planejar e acompanhar as tarefas de uma equipe ou projeto[1]. O kanban pode ser usado em reuniões para organizar ideias e tarefas de forma ágil e eficiente[23].

Primeiro, o Kanban permite que todos os participantes tenham uma visão geral clara do que será discutido na reunião. Ao criar um quadro Kanban com as pautas, tópicos e discussões que serão abordados na reunião, todos os participantes podem visualizar o fluxo da reunião e o que será tratado em cada etapa. Isso pode ajudar a manter a discussão organizada, transparente e fluir de forma mais eficiente. Esse é o Norming em ação. Também vai evitar um bocado de Storming.

Além disso, o Kanban pode ser usado para demonstrar e formalizar a conclusão de tarefas e decisões durante a reunião. Ao criar colunas para "pendências", "em andamento" e "concluídas" no quadro Kanban, as tarefas e decisões que surgem durante a reunião podem ser rapidamente organizadas e rastreadas. Isso ajuda a garantir que todas as tarefas sejam concluídas e as decisões sejam tomadas antes do final da reunião. As pendências e demais tarefas que não foram priorizadas ou realizadas no time box definidos ficam para outra ocasião.

O Kanban permite que os participantes visualizem as prioridades e responsabilidades de cada pessoa. Ao criar colunas para "responsável" e "prioridade" no quadro Kanban, é possível atribuir tarefas e responsabilidades específicas a cada pessoa e priorizar as tarefas de acordo com a urgência. Isso pode ajudar a garantir que as tarefas sejam concluídas dentro do prazo e que a equipe esteja ciente de quem é responsável pelo que. Novamente o Storming em seu nível mais baixo.

Por fim, o Kanban pode ajudar a manter a reunião no prazo e garantir que todos os tópicos sejam abordados. Ao criar uma coluna "tempo" no quadro Kanban, os participantes podem ver quanto tempo cada tópico ou discussão deve levar. Isso pode ajudar a manter a reunião no prazo e garantir que todos os tópicos importantes sejam abordados dentro do tempo disponível. O adjourning e satisfação por um trabalho sem mudanças de assunto inesperadas e tempo respeitado e bem usado.

- Visualizar o fluxo de trabalho e identificar os gargalos, os bloqueios e as prioridades.
- Limitar o trabalho em andamento e focar nas tarefas mais importantes.
- Economizar tempo desperdiçado em reuniões desnecessárias, pois o quadro já mostra o status do trabalho

O método kanban não é tão prescritivo quanto a papéis, formato, frequência ou tempo de duração das reuniões quanto o Scrum, por exemplo. Porém, o criador do método, David J. Anderson, descreve sete cadências (ritmos) regulares para diferentes tipos de atividades que se beneficiam do kanban[2]. Essas cadências são:

- Cadência de reabastecimento: para definir as prioridades e o escopo do trabalho[24].

- Cadência diária: para sincronizar o time e resolver impedimentos[23].

- Cadência de planejamento de entrega: para alinhar as expectativas dos clientes e stakeholders[2].

- Cadência de revisão da estratégia: para avaliar o desempenho do serviço e a satisfação do cliente[2].

- Cadência de revisão de operações: para identificar problemas e oportunidades de melhoria no fluxo de trabalho[2].

- Cadência de revisão de entrega de serviço: para verificar a qualidade e a conformidade do trabalho entregue[2].

- Cadência de análise de risco: para gerenciar os riscos e as incertezas do projeto[2].

Além dessas cadências, há também a cadência de retrospectiva, que é importante para impulsionar uma cultura de melhoria contínua[2].

Use as cadências em pequenos ciclos que duram dentro do time box da reunião.

Fontes:

(1) Método Kanban: Guia detalhado e 5 modelos prontos para usar - Trello. https://blog.trello.com/br/metodo-kanban.

(2) Afinal, o método Kanban tem reuniões ou cerimônias? - LinkedIn. https://www.linkedin.com/pulse/afinal-o-m%C3%A9todo-kanban-tem-reuni%C3%B5es-ou-cerim%C3%B4nias.

(3) Melhore a Eficiência e Comunicação da Equipe Realizando Kanban Meetings .... https://massimus.com/sem-categoria/melhore-a-eficiencia-e-comunicacao-da-equipe-realizando-kanban-meetings.

(4) Quais são as principais cerimônias do Kanban? - Adaptworks. https://blog.adapt.works/quais-sao-as-principais-cerimonias-do-kanban/.

Design Thinking
Use DT.

Embora seja uma metodologia usada para a criação de novos produtos, serviços, processos ou para a resolução de problemas e muitas empresas estão usando para otimizar suas reuniões. O DT pode ser usado em reuniões para estimular a criatividade, a experimentação e a empatia entre os participantes, buscando soluções inovadoras que atendam às necessidades dos usuários[1]. Se há um problema a ser resolvido e for complexo e desafiador, essa é a ferramenta. Use sem moderação.

Para aplicar o DT em reuniões, é importante começar entendendo o problema ou o desafio que a reunião está tentando resolver. Em seguida, os participantes da reunião podem usar a abordagem DT para identificar as necessidades e desejos dos usuários da reunião (por exemplo, os objetivos que eles esperam alcançar ou as informações que esperam receber). A partir daí, os participantes podem criar soluções inovadoras que abordem essas necessidades e desejos.

Uma das principais vantagens de usar o DT em reuniões é que ele ajuda a garantir que a reunião esteja focada em objetivos claros e tangíveis. Além disso, a abordagem DT incentiva a colaboração e a criatividade, permitindo que os participantes contribuam com ideias únicas e inovadoras.

Para otimizar ainda mais as reuniões usando o DT, os participantes podem seguir algumas diretrizes, como:

- Definir claramente os objetivos e metas da reunião antes de começar;

- Identificar as necessidades e desejos dos usuários da reunião e projetar soluções que atendam a essas necessidades;

- Envolver todos os participantes da reunião na criação de soluções;

- Testar e iterar as soluções propostas para garantir que elas sejam eficazes e atendam às necessidades dos usuários da reunião.

Algumas formas de usar o DT em reuniões são:

- Quadro ou parede para visualizar as ideias e os insights gerados pelos participantes, usando post-its, desenhos ou outras formas de expressão[1].

- Ferramentas como mapas mentais, personas, jornadas do usuário, protótipos e testes para entender o problema e gerar soluções[1].

- Abordagem colaborativa e multidisciplinar, envolvendo pessoas de diferentes áreas e perfis na reunião, para aproveitar a diversidade de conhecimentos e perspectivas[1].

- Estrutura de etapas para conduzir o processo de DT na reunião, seguindo as fases de imersão, ideação e prototipação[1].

- Técnicas como brainstorming, brainwriting, SCAMPER e outras para estimular a geração de ideias criativas e originais[1].

- Feedbacks constantes e iterativos para validar as ideias e os protótipos com os usuários finais, buscando melhorar as soluções propostas[1].

Essas são algumas das formas de usar o DT em reuniões, mas você pode adaptá-las às suas necessidades e contexto. O importante é que o DT ajude você a tornar suas reuniões mais ágeis e organizadas.

(1) Design Thinking: o que é, como aplicar e passo a passo - FIA. https://fia.com.br/blog/design-thinking/.

(2) Google Meet: videochamadas e ligações | Google Workspace. https://apps.google.com/intl/pt-BR/meet/.

(3) 12 passos para preparar e conduzir uma reunião produtiva. https://www.montepio.org/ei/pessoal/emprego-e-formacao/como-preparar-e-conduzir-uma-reuniao-produtiva/.

Mensagem final

Neste livro, vimos como as reuniões ágeis podem transformar a forma como as equipes trabalham e colaboram. Aprendemos sobre as metodologias ágeis como Kanban e Design Thinking, que nos ajudam a organizar, priorizar e solucionar problemas de forma criativa e eficiente. Vimos também como as reuniões ágeis podem gerar valor financeiro e não-financeiro para os projetos, ao reduzir o desperdício de tempo, recursos e energia.

Por fim, apresentamos algumas dicas e ferramentas para planejar, conduzir e avaliar as reuniões ágeis, buscando sempre a melhoria contínua e a satisfação dos envolvidos. Gostaríamos de agradecer a sua leitura e o seu interesse pelo tema das reuniões ágeis.

Esperamos que este livro tenha sido útil e inspirador para você, e que você possa aplicar os conceitos e práticas das reuniões ágeis no seu dia a dia. Lembre-se: as reuniões ágeis são uma oportunidade de aprendizado, inovação e engajamento, que podem levar a resultados extraordinários.

Chegamos ao final deste papiro, mas não ao fim da nossa jornada de conhecimento. O que você leu aqui são apenas algumas ideias e sugestões que podem servir de inspiração para o seu próprio caminho.

Trilhado por você.

Não há uma fórmula mágica ou uma receita pronta para o sucesso. O que há é a sua vontade de aprender, experimentar e se reinventar. Por isso, não tome essas linhas como uma verdade absoluta ou uma regra imutável. Apenas aproveite a jornada e tome-o como um convite para explorar novas possibilidades e descobrir o seu potencial. Use sem moderação várias vezes ao dia.

www.ingramcontent.com/pod-product-compliance
Lightning Source LLC
Chambersburg PA
CBHW050242220526
45465CB00002B/515